Karl Halm

Ciceros Rede für L. Murena

Verlag
der
Wissenschaften

Karl Halm

Ciceros Rede für L. Murena

ISBN/EAN: 9783957006134

Auflage: 1

Erscheinungsjahr: 2015

Erscheinungsort: Norderstedt, Deutschland

© *Verlag der Wissenschaften in Vero Verlag GmbH & Co. KG. Alle Rechte beim Verlag und bei den jeweiligen Lizenzgebern.*

Webseite: http://www.vdw-verlag.de

SAMMLUNG
GRIECHISCHER UND LATEINISCHER SCHRIFTSTELLER MIT DEUTSCHEN ANMERKUNGEN

HERAUSGEGEBEN VON

M. HAUPT und H. SAUPPE.

CICEROS
AUSGEWÆHLTE REDEN.

ERKLÆRT

VON

KARL HALM.

VII. BÆNDCHEN.

DIE REDE FÜR L. MURENA.

ZWEITE AUFLAGE.

BERLIN.

WEIDMANNSCHE BUCHHANDLUNG.

1872.

TEXT-AUSGABEN
griechischer und lateinischer Schriftsteller.

Aeneae commentarius Poliorceticus. Recensuit R. Hercher. . . 10 Sgr.
Arriani Anabasis Alexandri. Edidit C. Sintenis. . . . . . 15 Sgr.
Aeschinis orationes. Recensuit A. Weidner. . . . . . . 22½ Sgr.
Euripidis fabulae. Recognovit Ad. Kirchhoff. vol. I. II. . à 15 Sgr.
— — vol. III. . . . . 18 Sgr.
Eutropi Breviarium ab urbe condita. Ed. G. Hartel. . . . . 6 Sgr.
Hesiodi quae feruntur carminum reliquiae. Ed. G. F. Schoemann. 15 Sgr.
Pindari carmina. Edidit Tycho Mommsen. . . . . . . 12 Sgr.
Plutarchi vitae. Aristides et Cato maior. Ed. R. Hercher. . . 5 Sgr.
— — Themistocles et Pericles. Edidit C. Sintenis. . . . . 5 Sgr.
— — Agis et Cleomenes. Tiberius et Caius Gracchus. Ed. C. Sintenis. 5 Sgr.
Polybius. Edidit F. Hultsch. vol. I. . . . . 27 Sgr.
— — — - II. III. . . . . . . à 1 Thlr.
— — — - IV. . . . . 1 Thlr. 15 Sgr.
Sophoclis tragoediae. Edidit A. Nauck. . . . . 21 Sgr.
Daraus jedes Stück einzeln . . . . à 3 Sgr.
Xenophontis opera. Edidit C. Schenkl. vol. I. . . . . . 15 Sgr.
Ciceronis orationes selectae XVIII. Ex rec. C. Halmii. vol. I. II. à 9 Sgr.
Cornelius Nepos a C. Nipperdeio recognitus. . . . . . . 5 Sgr.
Curtius Rufus. E. Hedicke recensuit. . . . . 15 Sgr.
Iustiniani institutiones. Recensuit P. Krüger. . . . . . . 10 Sgr.
A. Persii Flacci, D. Iunii Iuvenalis, Sulpiciae saturae. Recogn.
O. Iahn. . . . . 12 Sgr.
Petronii satirae et liber Priapeorum. Iterum edidit Fr. Buecheler.
Adiectae sunt Varronis et Senecae satirae similesque reliquiae. 18 Sgr.
Phaedri fabulae. Fr. Eyssenhardt recognovit. . . . . . 4½ Sgr.
Plinii, C. Secundi, naturalis historia. D. Detlefsen rec. vol. I: lib. I-VI. 18 Sgr.
vol. II: lib. VII—XV. 22½Sgr. — vol. III: lib. XVI—XXII. 22½ Sgr.
vol. IV: lib. XXIII—XXXI. . . . . 22½ Sgr.
Sallusti, C. Crispi, Catilina Iugurtha Historiarum reliquiae potiores.
Accedunt epistulae ad Caesarem de re publica. H. Iordanus
recognovit. . . . . 7½ Sgr.
Tacitus, Corn., a C. Nipperdeio recogn. Pars I. 9 Sgr. Pars II. 9 Sgr.
Valeri Flacci Argonauticon libri VIII. Ed. C. Schenkl. . . 18 Sgr.
Vergili, P. Maronis, opera. Edidit Th. Ladewig. . . . . . 12 Sgr.
— Bucolica et Georgica. 4½ Sgr. — Aeneis. . . . . . 7½ Sgr.

HANDBÜCHER
zum Verständniss des klassischen Alterthums.

Römische Geschichte von Th. Mommsen. 1. Band. 5. Aufl. 2 Thlr. 6 Sgr.
2. Band. 5. Aufl. 1 Thlr. 5 Sgr. — 3. Band. 5. Aufl. 1 Thlr. 15 Sgr.
Griechische Geschichte von E. Curtius. 1. Band. 8. Aufl. 1 Thlr. 15 Sgr.
— 2. Bd. 3. Aufl. 1 Thlr. 20 Sgr. — 3. Bd. 2. Abdruck. 1 Thlr. 20 Sgr.
Römische Mythologie von L. Preller. 2. Auflage. . . . 1 Thlr. 25 Sgr.
Griechische Mythologie von L. Preller. 3. Auflage,
besorgt von E. Plew. 1. Band. Im. Druck.
Römische Alterthümer von L. Lange. 1. Band. 2. Aufl. 1 Thlr. 20 Sgr.
— 2. Band. 2. Aufl. 1 Thlr. 15 Sgr. — 3. Band. 1 Thlr. 10 Sgr.
Griechische Alterthümer von G. F. Schömann. 1. Band.
8. Aufl. 1 Thlr. 10 Sgr. — 2. Band. 2. Aufl. 1 Thlr. 6 Sgr.
Griechische und römische Metrologie von Fr. Hultsch. . 24 Sgr.
Topographie der Stadt Rom im Alterthum von H. Jordan.
2. Band. (Der erste Band ist noch nicht erschienen.) 1 Thlr. 25 Sgr.

Guhl, E., und W. Koner, das Leben der Griechen und Römer nach antiken
Bildwerken dargestellt. Dritte vermehrte und verbesserte Auflage. Mit
über 500 in den Text eingedruckten Holzschnitten. Lief. 1—6 à 10 Sgr.
(Erscheint in 12 Lieferungen à 10 Sgr.)

A. Griechische Schriftsteller.

Aristophanes, ausgewählte Komödien. Von Th. Kock.
1. Bd.: Wolken. 2. Aufl. 13 Sgr. — 2. Bd.: Ritter. 2. Aufl.   12 Sgr.
3. Bd.: Frösche. 2. Aufl. 15 Sgr. — 4. Bd.: Vögel . .   18 Sgr.

Arrians Anabasis. Von C. Sintenis. 1. Bd. 2. Aufl. . . .   15 Sgr.
—   —   2. Bd. 2. Aufl. . . . .   18 Sgr.

Demosthenes, ausgewählte Reden. Von A. Westermann.
1. Bd.: Philippische Reden. 6. Aufl. . . . .   15 Sgr.
2. Bd.: Reden vom Kranze und gegen Leptines. 4. Aufl. .   18 Sgr.
3. Bd.: Reden gegen Aristokrates, Konon, Eubulides. 2. Aufl.   12 Sgr.

Euripides, ausgewählte Tragödien.
1. Bd.: Bakchen. Erklärt von F. G. Schöne. 2. Aufl. .   7½ Sgr.
2. Bd.: Iphigenia in Taurien. 3. Aufl. Von H. Köchly.   15 Sgr.

Herodotos. Von H. Stein. 1. Bd. 1. Heft: 1. Buch. 3. Aufl.   18 Sgr.
1. Bd. 2. Heft: 2. Buch. 2. Aufl. 12 Sgr. — 2. Bd.: 3. u. 4. Buch.
2. Aufl. 22½ Sgr. — 3. Bd.: 5. u. 6. Buch. 2. Aufl. 15 Sgr. —
4. Bd.: 7. Buch. 2. Aufl. 15 Sgr. — 5. Bd.: 8. u. 9. Buch. 2. Aufl.   18 Sgr.

Homers Odyssee. Von J. U. Faesi und W. C. Kayser.
—   —   1. Bd. 5. Aufl. (Ges. I—VIII.) . . . . .   15 Sgr.
—   —   2. Bd. 5. Aufl. (Ges. IX—XVI.) . . . .   15 Sgr.
—   —   3. Bd. 5. Aufl. (Ges. XVII—XXIV.) . . .   15 Sgr.
—   Iliade. Von J. U. Faesi und F. R. Franke.
—   —   1. Bd. 5. Aufl. (Ges. I—VI.) . . . . .   18 Sgr.
—   —   2. Bd. 5. Aufl. (Ges. VII—XII.) . . . .   15 Sgr.
—   —   2. Bd. 4. Aufl. (Ges. XIII—XXIV.) . . . .   25 Sgr.

Isokrates, ausgewählte Reden. Von R. Rauchenstein. Panegyricus und Areopagiticus. 8. Aufl. . . . . . .   10 Sgr.

Lucians ausgewählte Schriften. Von J. Sommerbrodt.
1. Bd.: Lucians Traum. Charon. Timon. Zweite Auflage.   12 Sgr.
2. Bd.: Nigrinus. Der Hahn. Icaromenippus. 2. Aufl. .   12 Sgr.
3. Bd.: Wie man Geschichte schreiben soll. Die Rednerschule.
    Der Fischer. Büchernarr. Ueber die Pantomimik .   12 Sgr.

Lysias, ausgewählte Reden. Von R. Rauchenstein. 5. Aufl.   18 Sgr.

Platons Protagoras. Von H. Sauppe. 2. Aufl. . . . . .   10 Sgr.

Plutarch, ausgew. Biographien. Von C. Sintenis u. R. Hercher.
1. Bd.: Aristides und Cato maior. 3. Aufl. . . . . . .   9 Sgr.
2. Bd.: Agis und Cleomenes. Tiberius und G. Gracchus. 3. Aufl.   12 Sgr.
3. Bd.: Themistokles und Perikles. 3. Aufl. . . . . .   10 Sgr.

Sophokles. Von F. W. Schneidewin und A. Nauck.
1. Bd.: Aias. 6. Aufl. . . . .   12 Sgr.
2. Bd.: Oedipus Tyrannos. 6. Aufl. . . . .   12 Sgr.
3. Bd.: Oedipus auf Kolonos. 5. Aufl. . . . .   12 Sgr.
4. Bd.: Antigone. 6. Aufl. . . . .   12 Sgr.
5. Bd.: Elektra. 5. Aufl. . . . .   12 Sgr.
6. Bd.: Trachinierinnen. 3. Aufl. . . . .   10 Sgr.
7. Bd.: Philoktet. 6. Aufl. . . . .   12 Sgr.

Thukydides. Von J. Classen. 1. Bd.: 1. Buch. 22½ Sgr. 2. Bd.
2. Buch. 2. Aufl. 12 Sgr. 3. Band: 3. Buch. 18 Sgr. 4. Bd.
4. Buch: . . . .   15 Sgr.

Xenophons Anabasis. Von C. Rehdantz. 1. Bd.: 1.—3. Buch. 2. Aufl.   15 Sgr.
—   —   —   2. Bd.: 4.—7. Buch. 2 Aufl.   15 Sgr.
—   Cyropädie. Von F. K. Hertlein. 1. Band. 3. Aufl.   15 Sgr.
—   —   —   2. Band. 2. Aufl.   15 Sgr.
—   Memorabilien. Von L. Breitenbach. 4. Aufl. . .   15 Sgr.

Aeschylos, Agamemnon. Von F. W. Schneidewin. . . . .   22½ Sgr.
—   Perser. Von L. Schiller. . . . .   12 Sgr.

B. Lateinische Schriftstelle

Caesar. Von Fr. Kraner. 1. Band:

  Besorgt von W. Dittenberger . . . . 22½ Sgr.

— 2. Band: De bello civili. 5. Aufl. Besorgt von

  Fr. Hofmann . . . . 22½ Sgr.

Chrestomathia Pliniana. Von L. Urlichs. . . . . . . 25 Sgr.

Cicero, Brutus. Von O. Jahn. 3. Aufl. . . . . 13 Sgr.

— Orator. Von O. Jahn. 3. Aufl. . . . . 12 Sgr.

— Cato maior. Von J. Sommerbrodt. 6. Aufl. . . . 6 Sgr.

— Laelius. Von C. W. Nauck. 6. Aufl. . . . . . 6 Sgr.

— Disput. Tusculanae. Von G. Tischer u. G. Sorof. 6. Aufl. 22½ Sgr.

— De natura deorum. Von G. F. Schoemann. 3. Aufl. . 18 Sgr.

— De officiis. Von O. Heine. 4. Aufl. . . . . . 15 Sgr.

Ciceros ausgewählte Briefe. Von Fr. Hofmann. 1. Bd. 2. Aufl. 18 Sgr.

— ausgewählte Reden. Von K. Halm. 1. Bd.: die Reden für Sex.

  Roscius und für das Imperium des Cn. Pompeius. 6. Aufl. 10 Sgr.

— — 2. Bd.: Rede gegen Q. Caecilius und gegen Verres IV

  und V. 5. Aufl. . . . . 18 Sgr.

— — 3. Bd.: die Reden gegen Catilina, für Sulla und für den

  Dichter Archias. 7. Aufl. . . . . 12 Sgr.

— — 4. Bd.: die Rede für Publius Sestius. 3. Aufl. . . . 10 Sgr.

— — 5. Bd.: Reden für Milo, für Ligarius und für Deiotarus.

  6. Aufl. . . . . 9 Sgr.

— — 6. Bd.: 1. u. 2. Philippische Rede. 4. Aufl. . . . . 9 Sgr.

— — 7. Bd.: Rede für L. Murena. 2. Aufl. . . . . . 7½ Sgr.

Cornelius Nepos. Von K. Nipperdey. 5. Aufl. . . . . . 12 Sgr.

Livius. Von W. Weissenborn. 1. Bd.: Buch 1 u. 2. 5. Aufl. 22½ Sgr.

  2. Bd.: Buch 3-5. 3. Aufl. 24 Sgr. — 3. Bd.: Buch 6-10. 3. Aufl. 1 Thlr.

  4. Bd.: Buch 21-23. 4. Aufl. 24 Sgr. — 5. Bd.: Buch 24-26.

  3. Aufl. 24 Sgr. — 6. Bd.: Buch 27-30. 2. Aufl. . . . . 1 Thlr.

  7. Bd.: Buch 31-34. 2. Aufl. 22½ Sgr. — 8. Bd. Buch 35-38. 25 Sgr.

  9. Bd.: Buch 39-42. 25 Sgr. — 10. Bd.: Buch 43-45. . . 22½ Sgr.

Ovids Metamorphosen. Von M. Haupt. 1. Bd. 5. Aufl. . . 18 Sgr.

Phaedrus. Von F. E. Raschig und R. Richter. 3. Aufl. . 7½ Sgr.

Plautus, ausgewählte Komödien. Erklärt von A. O. F. Lorenz.

  2. Bd.: Mostellaria 18 Sgr. — 3. Bd.: Miles gloriosus 18 Sgr.

Quintiliani liber Xus. Von E. Bonnell. 3. Aufl. . . . . 6 Sgr.

Sallustius. Von R. Jacobs. 5. Aufl. . . . . 18 Sgr.

Tacitus. Von K. Nipperdey. 1. Bd.: Annales 1.-6. Buch. 5. Aufl. 27 Sgr.

  2. Bd.: Annales 11.-16. Buch. 2. Aufl. . . . . . . 20 Sgr.

Vergils Gedichte. Von Th. Ladewig. 1. Bd.: Bucolica u. Georgica.

  5. Aufl. 15 Sgr. — 2. Bd.: Aeneide. 1.-6. Buch. 6. Aufl. . 18 Sgr.

  3. Bd.: Aeneide. 7.-12. Buch. 5. Aufl. . . . . . . 18 Sgr.

Cicero, De finibus. Von D. Boeckel. 1. Bd. Buch 1. 2. . . 12 Sgr

  Berlin.

CICEROS
AUSGEWÆHLTE REDEN.

ERKLÆRT

VON

KARL HALM.

VII. BÆNDCHEN.
DIE REDE FÜR L. MURENA.

ZWEITE, VIELFACH VERBESSERTE AUFLAGE.

BERLIN,
WEIDMANNSCHE BUCHHANDLUNG
1872.

CICEROS

REDE FÜR L. MURENA.

ERKLÆRT

VON

KARL HALM.

ZWEITE, VIELFACH VERBESSERTE AUFLAGE.

BERLIN,
WEIDMANNSCHE BUCHHANDLUNG.
1872.

VORREDE.

Ich habe mich früher nicht entschliessen können auch die Rede für Murena, wie sehr sie auch durch ihre rhetorischen Vorzüge zu einer Bearbeitung einlud, in meine Sammlung ausgewählter Reden Ciceros aufzunehmen, weil der schlimme Zustand des überlieferten Textes fast unüberwindliche Schwierigkeiten einer Bearbeitung für die Schule zu bieten schien.

Aber inzwischen ist die kritische Behandlung der Rede in ein neues Stadium getreten. Durch die Veröffentlichung des Lagomarsinischen Apparats in der Ausgabe von A. W. Zumpt sind zwar wesentliche Verbesserungen verderbter Stellen nicht zu Tage gekommen, auch überhaupt nur wenige neue Lesarten, aber es liess sich jetzt mit ziemlicher Sicherheit erkennen, welche Umgestaltungen das eine Poggianische Exemplar, auf das alle Abschriften zurückgehen, sei es durch Emendationsversuche italienischer Gelehrten oder durch die Nachlässigkeit und Unwissenheit der Abschreiber im XV. Jahrhundert erfahren hat. Was für Handschriften der von Poggio nach Italien gebrachten Abschrift am nächsten stehen, glaube ich in meiner Abhandlung in den Sitzungsberichten der hiesigen Academie (1861 I, Heft 4) richtig nachgewiesen zu haben. Durch diese Feststellung ist für die Verbesserung der Rede, deren Text durch Interpolationen, Lücken und andere Verderbnisse aller Art ganz ungemein gelitten hat, wenigstens eine festere Grundlage gewonnen worden. Des neuen Stoffes haben sich verschiedene deutsche und holländische Kritiker bemächtigt; durch ihre vereinten Bemühungen sind manche der zahllosen Schäden des Textes geheilt worden, in welcher Hinsicht in wenigen Jahren mehr geschehen ist als in der ganzen früheren Zeit. Unter diesen Umständen habe ich jetzt kein Bedenken mehr getragen, der Einladung der Verlagshandlung Folge zu leisten und eine neue Bearbeitung der von Tischer besorgten Ausgabe zu unternehmen. Im Laufe der Arbeit ergab sich jedoch bald die Nothwendigkeit einer so durchgreifenden Umgestaltung der früheren Bearbeitung, wobei die gründliche Recension der Tischerschen Ausgabe von S o r o f besten Vorschub leistete, dass ich mich wohl berechtigt glaubte den Namen des ersten Herausgebers ganz zu beseitigen. Solche die mit dem Stande der Kritik der Rede bekannt sind, werden zugeben, dass ihre Bearbeitung für die Schule mit nicht geringen Schwierigkeiten verknüpft ist; nicht wenige arg verderbte Stellen setzten in Verlegenheit, welche von den verschiedenen Emendationsversuchen in den Text aufzunehmen seien; überhaupt liess sich das Geschäft der Textesrecension nicht ohne eine gewisse Kühnheit abthun, wollte man nicht zu viele Verstösse gegen Sinn und Ausdruck unberührt lassen; im Ganzen jedoch glaube ich einen solchen Text hergestellt zu haben, dass die Rede für die Schule gut leserlich geworden ist. Kann ein anderer die Sache besser machen, so werde ich der erste sein, der ihm vollen Beifall zollen wird.

Tischer hat ausser der Rede für Murena auch noch die über die consularischen Provinzen bearbeitet, was ich als einen pädagogischen Missgriff betrachte, den nachzuahmen ich nicht über mich gewinnen konnte.

Bei der neuen Auflage wurden die kritischen Beiträge von J. F. C. C a m p e (Jahrb. für classische Philol. 1866, 179 ff.), M u t h e r ' s eingehende Recension der Ausgabe von Adolf Koch (Zeitschr. für das Gymnasialwesen 1868, 108 ff.) und sonstige in Zeitschriften zerstreute Beiträge mit aller Sorgfalt benützt.

M ü n c h e n im August 1865 und im April 1872.

Dr. KARL HALM.

CICEROS REDE

FÜR L. MURENA.

EINLEITUNG.

Was wir von den Lebensverhältnissen des L. Licinius Murena wissen, beruht fast ausschliesslich auf den Nachrichten, die uns sein Vertheidiger Cicero erhalten hat. Das plebejische Geschlecht der Murenae stammte aus Lanuvium und gehörte zur jüngeren Nobilität [1]): sie zählten noch keinen Consularen in ihren Reihen; erst der Aeltervater und Grossvater unseres Lucius hatten es zur Prätur gebracht.[2]) Der berühmteste des Geschlechts war der Vater, gleichfalls mit dem Vornamen Lucius, der, nachdem er die Prätur verwaltet hatte, als Sulla's Legat mit Auszeichnung in Griechenland und Asien diente und von diesem nach dem Friedensschlusse mit Mithridates mit dem Commando der in Asien zurückgelassenen Legionen betraut wurde. In dieser Stellung gerieth Murena mit Mithridates in neue Verwicklungen[3]); seine Erfolge waren nicht bedeutend und giengen durch eine empfindliche Niederlage, die er beim Ueberschreiten des Halys erlitt, wieder verloren. Den Feindseligkeiten machte Sulla durch Murenas Abberufung ein Ende, gewährte ihm aber die Ehre eines Triumphes[4]), als hätte er in Asien bedeutende Erfolge errungen. In diesem Kriege, den man gewöhnlich den zweiten Mithridatischen nennt, machte der Sohn unter dem Commando seines Vaters sein militärisches Tirocinium[5]). Wie seine Ankläger behaupteten, genoss der junge Officier weidlich das üppige Leben in Asien[6]) und verletzte die römische Würde sogar so weit, dass er unter seinen lockeren Jugendgenossen auch als pantomimischer Tänzer glänzte[7]), Beschuldigungen die freilich sein Vertheidiger als völlig unbegründet hinstellt.

Von Asien zurückgekehrt bewarb sich L. Murena mit Ser.

---

[1]) Cic. p. Mur. § 15: *ampla et honesta familia plebeia.* [2]) ib. § 15. [3]) c. 15 § 32; vgl. Mommsen R. G. II, 338 (3). [4]) §§ 11. 15. [5]) § 11. [6]) § 11 sq. [7]) § 13.

3 Sulpicius, seinem späteren Ankläger und Mitbewerber für das
Consulat, um die Quästur, fand jedoch bei der Verwaltung des
Amtes keine Gelegenheit sich besonders hervorzuthun [8]). Der
Wiederausbruch des Kriegs mit Mithridates führte Murena von
neuem nach Asien zum Heere des L. Lucullus [9]). Von den
grossen Diensten, die er als Legat in dem siegreichen Feldzug
leistete, gaben die amtlichen Berichte des Oberfeldherrn rühm-
liches Zeugniss.

4   Ohne die Aedilität bekleidet zu haben [10]), erlangte Murena
im J. 65 die Prätur, bei der er wieder den Ser. Sulpicius zum
Amtsgenossen hatte [11]), aber durch die Entscheidung des Looses
besser als dieser begünstigt worden war. Denn während er
selbst die Handhabung der *iuris dictio urbana* erlangt hatte, war
dem Sulpicius das verdriessliche Geschäft der Vorstandschaft in
den Untersuchungen *de peculatu* zugefallen [12]). Schon damals
von dem Wunsche beseelt, in seine Familie das höchste Ehren-
amt, das Consulat zu bringen, feierte Murena die apollinarischen
Spiele, deren Leitung dem *praetor urbanus* zustand, mit um so
grösserer Pracht [13]), als er durch die Umgehung der Aedilität
keine Gelegenheit gefunden hatte sich durch glänzende Spiele
der Volksgunst zu versichern. Nach der Prätur übernahm er
im J. 64 als Proprätor die Verwaltung der Provinz *Gallia
Transalpina* [14]), aus der er vor Ablauf des zweiten Jahres, nachdem er seinen Bruder und Legaten Gaius Murena als Amtsver-
weser zurückgelassen hatte [15]), nach Rom zurückkehrte, um
sich um das Consulat zu bewerben.

5   Ausser Murena waren als Bewerber L. S e r g i u s C a t i l i n a ,
D. I u n i u s S i l a n u s und S e r. S u l p i c i u s R u f u s [16]), der berühmteste Rechtsgelehrte seiner Zeit, aufgetreten. Da es ruchbar
geworden war, dass Catilina's Mitverschworene beschlossen hatten, dessen Wahl mit Gewalt durchzusetzen und den wahlleiten-
den Consul und seine Mitbewerber niederzumachen, wurde die
auf den 22. September anberaumte Wahl vertagt [17]), welche

---

[8]) § 18.   [9]) § 20.   [10]) daher heisst es § 37: *duae res vehementer in praetura* (i. e. in praeturae petitione) *desideratae sunt . . una,
exspectatio muneris* etc.   [11]) § 35 ff.   [12]) c. 20.   [13]) § 37
a. E. c. 19, § 38.   [14]) § 42.   [15]) § 89. Von C. Murena erwähnt
Sallustius Cat. 42, dass er als Verweser der Provinz mehrere Sendlinge
Catilina's verhaftete: *item in ulteriore Gallia C. Murena* (complures in vin-
cula coniecit), *qui ei provinciae legatus praeerat.*   [16]) Er gelangte
erst im J. 51 zum Consulat: in seiner politischen Laufbahn zeigte er sich
ehrenwerth, aber von geringer Entschlossenheit.   [17]) § 51. s. Lange,
Röm. Alterth. III, 241.

Zwischenzeit der Consul Cicero benutzte, um sich aus jüngeren
Männern eine starke Bedeckung zu bilden, unter deren Schutz
die Wahl (etwa Anfangs October) ohne Störung vor sich gieng [18]).
Sie entschied für L. Murena und D. Silanus.

Nach dieser neuen Demüthigung (denn auch frühere Ver- 6
suche Catilina's zum Consulat zu gelangen waren gescheitert)
konnte sich Catilina nicht länger in Rom halten, sondern begab
sich am 8. Nov. nach Etrurien, wo sein Anhänger Gaius Manlius
bereits am 27. Oct. die Fahne der offenen Empörung aufgepflanzt
hatte. Sulpicius hingegen beschloss sich für seine Zurück-
setzung durch eine Anklage gegen Murena *de ambitu* zu rächen,
da er seinem Gegner durch Geburt und Verdienste überlegen zu
sein glaubte [19]), und im Falle seiner Verurtheilung alle Chancen
für sich hatte, an dessen Stelle zum Consul gewählt zu werden.
Dass er nicht auch des Silanus Wahl anfocht, geschah vielleicht
aus Rücksicht gegen den designirten Volkstribunen M. P o r c i u s
C a t o , der sich dem Sulpicius nebst dem Ritter P o s t u m u s und
einem jüngeren S e r. S u l p i c i u s als Mitankläger (*subscriptor*)
angeschlossen hatte; denn Silanus war ein Schwager des Cato.
Dass aber auch seine Wahl, ebenso wie die des Murena, durch
Geld erkauft war, lässt sich aus einer Andeutung bei Plutarch
mit ziemlicher Sicherheit schliessen [20]).

Die Klage lautete *de ambitu* [21]), wegen gesetzwidriger oder 7
unrechtmässiger Bewerbung, wozu vor allem Bestechung (*largitio*) gehörte. Das Uebel durch schlechte Mittel zu Aemtern zu
gelangen hatte erst in den zwei letzten Jahrhunderten der Republik um sich gegriffen. Ob jedoch schon in der *lex Cornelia
Baebia* vom J. 181 *largitio* verpönt war, lässt sich bei dem wenigen, was wir von dieser Lex wissen, nicht ermitteln. Von den
späteren Gesetzen ist besonders die *lex Calpurnia de ambitu*
vom J. 67 zu erwähnen, die in unserer Rede *severissime scripta*

---

[18]) § 52. [19]) §§ 18 ff. [20]) v. Cat. 21 Ἀποδειχθεὶς δὲ
δήμαρχος σὺν ἑτέροις καὶ τῷ Μετέλλῳ τὰς ὑπατικὰς ἀρχαιρεσίας ὁρῶν
ὠνίους οὔσας ἐπετίμησε τῷ δήμῳ καὶ καταπαύων τὸν λόγον ἐπώμοσε
τοῦ δόντος ἀργύριον, ὅστις ἂν ᾖ, κατηγορήσειν, ἕνα Σιλανὸν ὑπεξελό-
μενος δι᾽ οἰκειότητα· Σερβιλίαν γὰρ ἀδελφὴν Κάτωνος ὁ Σιλανὸς εἶχε.
Διὸ τοῦτον μὲν παρῆκε, Λεύκιον δὲ Μουρήναν ἐδίωκεν ἀργυρίῳ δια-
πραξάμενον ἄρχοντα μετὰ τοῦ Σιλανοῦ γενέσθαι. [21]) *ambitus*
(von *ambire*) bezeichnet seiner Grundbedeutung nach das Herumgehen der
Candidaten auf dem Forum und Marsfeld, um die Stimmen von Bürgern zu
einer Wahl zu erlangen, und heisst dann überhaupt 'Amtsbewerbung', weil
in diesem Act der Haupttheil einer Bewerbung enthalten war. Erst später
knüpfte sich an das Wort der schlimme Sinn widerrechtlicher Bewerbung an.

heisst [22]), weil in ihr die früheren Bestimmungen über Amts-
erschleichung bedeutend geschärft waren. Sie hatte als Strafe
ausser einer Geldbusse Verlust des Rechtes zu jeder weiteren
Bewerbung und des Sitzes im Senat festgesetzt [23]); ausserdem
scheint sie zuerst Strafen gegen die *divisores*, welche die Aus-
theilung der an die Abstimmenden verheissenen Geldsummen
innerhalb der einzelnen Tribus besorgten, verordnet zu haben [24]).

8   Die unerhörte Frechheit, mit der Catilina und C. Antonius
ihre Wahl für das J. 63 betrieben, veranlasste den Senat kurz
vor den Comitien zu dem Beschlusse, es solle eine neue *lex ambitus* mit verstärktem Strafmass eingebracht werden [25]), wogegen
jedoch der Volkstribun Q. Mucius Orestinus Einsprache ein-
legte [26]). Was damals nicht durchgieng, wurde ein Jahr später
unter Cicero's Consulat durchgesetzt. Die Initiative zur neuen
lex Tullia, bei deren Durchführung Cicero besonders auch von
Ser. Sulpicius eifrig unterstützt wurde [27]), gieng wieder vom Senat aus, dessen Beschluss sodann vom Volke genehmigt wurde.
Sie war eine Ergänzung der *lex Calpurnia*, deren Bestimmungen
sowohl in Bezug auf die Zahl der verpönten Handlungen als auf
die Bestrafung der Verurtheilten bedeutend geschärft wurden.

9   Einen Theil der Vorschriften der lex Tullia über verbotene
Handlungen theilt Cicero selbst § 67 mit, wonach es verboten
war, dass den Candidaten um Lohn gedungene Leute entgegen
giengen, dass gemiethetes Gefolge sie beim Ambitus begleitete [28]),

[22]) § 46.   [23]) 'Schol. Bob. ad Cic. p. Sulla c. 5 p. 361: *Superio-
ribus temporibus damnati lege Cornelia hoc genus poenae ferebant, ut
magistratuum petitione per decem annos abstinerent. Aliquanto postea
severior lex Calpurnia et pecunia multavit et in perpetuum honoribus
iussit carere damnatos, habebant tamen licentiam Romae morandi.*
[24]) Asconius in or. Cornel. p. 75: *C.* (Calpurnius) *Piso . cum legem de
ambitu ex senatus consulto graviorem quam fuerat ante ferret et propter
multitudinem divisorum, qui per vim adversabantur, e foro eiectus esset,
edixerat 'qui rem p. salvam vellent, ut ad legem accipiendam adessent', et
maiore manu stipatus ad legem perferendam descenderat.*   [25]) Ascon.
ad or. de toga cand. p. 83: *Cum in dies licentia ambitus augeretur
propter praecipuam Catilinae et Antonii audaciam, censuerat senatus ut
lex ambitus aucta etiam cum poena ferretur.*   [26]) Gewöhnlich bezieht
man auf diesen Senatsbeschluss die Worte der Rede § 71: *senatus consulto,
quod est L. Caesare consule* (im J. 64) *factum, restiterunt* (tenuiores). Allein da
es heisst *quod est factum*, also von einem durchgegangenen Senatscon-
sult die Rede ist, so kann jenes nicht gemeint sein, dem Q. Mucius inter-
cedirt hat. Von dem hier bei Cic. erwähnten SCtum ist weiter nichts bekannt, nur ergibt sich aus dem Zusammenhang, dass es sich auch wie die
lex Fabia auf die *sectatores* bezogen hat.   [27]) c. 23.   [28]) Dass
Candidaten auf das Forum und Marsfeld von Verwandten und Freunden
(Nachbarn, Tribus- und Sodalitätsgenossen, Municipalen, Clienten etc.)

dass bei Gladiatorenspielen den einzelnen Tribus [29]) unentgelt-
liche Schauplätze eingeräumt und das Volk in Masse frei bewirthet
würde. Als eine weitere Schärfung früherer Verordnungen wird
§ 47 *poena gravior in plebem* bezeichnet, d. h. gegen alle bei
einer Bestechung betheiligten Leute aus den geringeren Volks-
klassen [30]). Worin diese Strafe bestanden hat, ist unbekannt,
wahrscheinlich in einer Geldstrafe, wohl kaum, wie man auch
vermuthet hat, in zeitweiliger Entziehung des Stimmrechts. Für
die Verurtheilten kam zu den Strafen der lex Calpurnia noch die
des Exils auf zehn Jahre hinzu [31]). Auch wurde festgesetzt, 10
dass wenn ein Beklagter *de ambitu* die Entschuldigung einlege,
dass er wegen Krankheit am anberaumten Termine nicht erscheinen könne, darum der Process keinen Aufschub erleiden solle,
sondern auch in Abwesenheit des Beklagten durchzuführen
sei [32]). Ser. Sulpicius wünschte noch mehr, eine *confusio suffragiorum*, wie sich Cicero etwas herbe ausdrückt, d. h. eine
Abstimmung bei den Wahlen nicht nach Tribus und Centurien, sondern nach Köpfen, damit der Einfluss der in ihren
Tribus mächtigen Leute gebrochen werde [33]). Ferner verlangte
er bei einem Process *de ambitu* die Einsetzung von *iudices editicii*, die der Ankläger einseitig sollte bestimmen dürfen [34]).
Beide Vorschläge jedoch wurden vom Senat abgelehnt.

begleitet wurden, war allgemeine Sitte und erlaubt; je grösser deren
Zahl, desto bessere Aussichten schien ein Bewerber zu haben. Am ehren-
vollsten war die Begleitung von vornehmen Männern aus dem Senatoren-
und Ritterstand, denen man aber freilich nicht zumuthen konnte, dem
Candidaten auf allen Schritten und Wegen zu folgen; vgl. § 70.
[29]) Es war nicht verpönt an Freunde und Tribusgenossen (*tribules*)
Freiplätze zu vertheilen, aber *tributim*, d. h. an ganze Tribus oder an
alle Mitglieder einer Tribus, die davon Gebrauch machen wollten. Bei
Spenden jeder Art an das Volk fand die Vertheilung durch die einzelnen
Tribus statt. [30]) Mommsen de collegiis p. 45 n. 13 bezieht die Stelle
blos auf die *divisores*. [31]) § 47: *exilium in nostrum ordinem*, s. auch
§ 89. Cassius Dio 37, 29: ἔδοξε τῇ βουλῇ . δέκα ἐτῶν φυγήν, τοῦ
Κικέρωνος ἐς τὰ μάλιστα ἐνάγοντος, τοῖς ἐπιτιμίοις τοῖς ἐπὶ τῷ
δεκασμῷ τεταγμένοις προσνομοθετῆσαι. [32]) § 47: *morbi excusationi
poena addita est*. So wie es scheint, ist hier von keiner besonderen Strafe
die Rede; sie bestand eben darin, dass, wenn einer leidend vor Gericht
erschien, er seine Gesundheit riskierte, oder dass bei einem Nichterscheinen
leichter eine Verurtheilung erfolgen konnte. [33]) daher heisst es § 47:
*graviter homines honesti atque in suis vicinitatibus et municipiis
gratiosi tulerunt* etc. Da der Vorschlag des Sulpicius bei der Berathung
über eine neue *lex de ambitu* aufgetaucht ist, so hat die Vermuthung viele
Wahrscheinlichkeit, dass sich derselbe nicht auf Wahlen überhaupt bezogen
habe, sondern nur auf Nachwahlen bei Verurtheilung von designirten
Magistraten. [34]) Das Nähere hierüber wissen wir aus der or. p. Plancio

11 Die Verhandlung der auf Grund der lex Tullia gegen Murena eingebrachten Klage fiel in die zweite Hälfte des Monats November des J. 63, in eine Zeit, wo Catilina bereits Rom verlassen hatte, aber die übrigen in Rom zurückgebliebenen Häupter der Verschwörung noch nicht zur Haft gebracht waren. Wie es Sitte war, unterstützten den Angeklagten durch ihre Anwesenheit vor Gericht mehrere bedeutende Männer, unter denen L. Lucullus vor
12 allen hervorragte [35]). Die eigentliche Vertheidigung führten ausser Cicero der berühmte Redner Q. H o r t e n s i u s und ein anderes Glied der gens Licinia, der einflussreiche M. C r a s s u s. Wie es in der Regel der Fall war, wenn Cicero eine Vertheidigung mit mehreren theilte, so sprach er auch damals an letzter Stelle [36]). Er überliess es seinen Vorrednern die einzelnen Klagepunkte im Detail zu beleuchten; er selbst fasste mehr die politische Seite des Processes ins Auge [37]), die auch die günstigsten Chancen für die Vertheidigung darbot. Denn wenn es auch als unverkennbar erscheint, dass sich Murena der durch das Gesetz verpönten Handlungen schuldig gemacht hatte, so lag doch in der damaligen politischen Lage eine grössere Gefahr für die Republik in der Verurtheilung des Murena als in der ungeahndeten Uebertretung der Gesetze über die Wahlordnung. Denn es stand zu befürchten, dass eine neue Wahl zu eben so stürmischen Scenen führen
13 könnte als im September beabsichtigt waren. Die schiefe Stellung, in die sich die Ankläger versetzt hatten, wusste Cicero trefflich auszubeuten und bekämpfte sie mit allen Waffen des Witzes. In ruhigen Zeiten konnte man von der Führung des Consulats in den Händen des rechtskundigen und ehrenwerthen Ser. Sulpicius die besten Erwartungen hegen; dass er sich hinreissen liess, gegen seine Verdienste die eines Kriegsmanns in Schatten zu stellen, war in der damaligen Zeit ein politischer Missgriff, der unseren Redner zu dem harmlosen Ausfall auf den Formelkram der Juristen wohl berechtigt hat [38]). Es war keine Frage, dass in

§ 41, wornach der Vorschlag des Sulp. dahin gieng, dass der Kläger aus dem *album iudicum* 125 Richter aus der Zahl der Ritter und Aerartribunen (also mit Ausschluss der senatorischen Decurie) angeben (*edere*) solle, aus denen es dem Beklagten erlaubt sein sollte, 75 zu verwerfen.
    [35]) § 20; vgl. auch § 10.   [36]) § 48.   [37]) s. c. 24 und c. 37 ff.
[38]) Vgl. Niebuhr's Vortr. üb. Röm. Gesch. 3, 25: 'Die Rede für Murena zeigt die innere stille Freude, in der er gleich nach seinem Siege eine Zeitlang glücklich war; sie ist gar nicht gehörig gewürdigt, namentlich nicht von Juristen, die sich zu irrenden Rittern des grossen Rechtsgelehrten Servius Sulpicius aufgeworfen haben. Man bedenkt nicht die Gemüthsstimmung des Redenden, sondern fühlt sich in kleinen Aeusserungen beleidigt.

einer Zeit, wo die bewaffnete Empörung noch nicht zu Boden geschlagen war, ein Mann, der ein bewegtes Leben geführt und mehrere Feldzüge mitgemacht hatte, als Consul besser am Platze schien
als ein Rechtsgelehrter von minder reicher Lebenserfahrung. Es
war auch eine Taktlosigkeit von Seite Cato's, dass er in einer
Zeit, wo von Anwendung roher Gewalt noch weit mehr als von
Bestechung bei Wahlen zu befürchten stand, die schroffen Lehren
der Stoa hervorkehrte und diese als Masstab bürgerlicher Tugend hinstellte [39]). Die Lage des Staates war eine so bedenkliche,
dass um jeden Preis neue Wahlkämpfe zu verhüten waren. Diese
Gefahren hat Cicero in den lebendigsten Farben geschildert und
durch dieses Argument, gegen welches andere zurücktreten mussten, die Freisprechung des Beklagten glücklich durchgesetzt [40]).

Was die Eintheilung der Rede betrifft, so zerfällt sie in drei 14
Theile [41]). In dem ersten (§ 11—14) widerlegt Cicero die
gegen das frühere Leben Murena's erhobenen Beschuldigungen;
in dem zweiten (§ 15—53) vergleicht er die Würdigkeit des
Murena und Ser. Sulpicius in Bezug auf ihre Bewerbung ums
Consulat; in dem dritten (§ 54—83) berührt er in kurzen
Sätzen die Hauptpunkte der Anklage und schildert sodann die
für die Republik zu befürchtenden Gefahren, wenn das neue Jahr
herankomme, ohne dass das Ruder des Staats in die Hände kräftiger Consuln gelegt sei.

Aus dem dritten Theile der Rede fehlt ein Abschnitt, die 15
Widerlegung der von Postumus und dem jüngeren Servius vor-
gebrachten Beschuldigungen, nicht als ob hier eine Lücke in dem
überlieferten Texte vorläge, sondern Cicero hat diese Partie nur
mündlich durchgeführt und bei der späteren schriftlichen Ab-
fassung [42]) als minder interessant übergangen; vgl. Plin. epist.

Jahrhunderte pflanzte sich das fort, man verkannte wie unschuldig hier
Cicero sowohl über die stoische Philosophie wie über die Juristen spottet'.
    [39]) Plut. Cato 21: Τῆς δὲ δίκης λεγομένης ὁ ˙Κικέρων . πολλὰ
διὰ τὸν Κάτωνα τοὺς Στωϊκοὺς φιλοσόφους καὶ ταῦτα δὴ τὰ παράδοξα καλούμενα δόγματα χλευάζων καὶ παρασκώπτων γέλωτα παρεῖχε
τοῖς δικασταῖς. Τὸν οὖν Κάτωνά φασι διαμειδιάσαντα πρὸς τοὺς
παρόντας εἰπεῖν˙ ὦ ἄνδρες, ὡς γελοῖον (spasshaften) ὕπατον ἔχομεν.
    [40]) s. bes. § 79 a. E. Quintil. VI, 1, 35: Sie habenda est auctoritatis ratio,
ne sit invisa securitas. Fuit quondam inter haec omnia potentissimum, quo
L. Murenam Cicero accusantibus clarissimis viris eripuisse praecipue videtur,
persuasitque nihil esse ad praesentem rerum statum utilius quam pridie
Calendas Januarias esse in re p. duos consules.   [41]) § 11: Intellego,
iudices, tres totius accusationis partes fuisse et earum unam in reprehensione vitae, alteram in contentione dignitatis, tertiam in criminibus ambitus
esse versatam.   [42]) Es ist bekannt, dass Cicero seine meisten Reden

I, 20, 7: *Testes sunt multae multorum orationes et Ciceronis pro Murena, pro Vareno, in quibus brevis et nuda quasi subscriptio quorundam criminum solis titulis indicatur. Ex his apparet illum permulta dixisse, cum ederet, omisisse.*

erst, nachdem sie gehalten waren, zur Herausgabe ausgearbeitet hat; vgl. ep. ad Q. frat. 3, 1, 11: *Libros meos omnes quos exspectas inchoavi, sed conficere non possum his diebus: orationes efflagitatas pro Scauro et pro Plancio absolvi.* Tusc. IV, § 55: *Oratorem vero irasci minime decet, simulare non dedecet. An tibi irasci tum videmur, cum quid in causis acrius et vehementius dicimus? Quid? cum iam rebus transactis et praeteritis orationes scribimus, num irati scribimus?*

M. TULLII CICERONIS

PRO L. MURENA

AD IUDICES.

1. Quod precatus a dis immortalibus sum, iudices, more 1
institutoque maiorum illo die, quo auspicato comitiis centuriatis
L. Murenam consulem renuntiavi, ut ea res mihi, fidei magistratuique meo, populo plebique Romanae bene atque feliciter eveniret, idem precor ab isdem dis immortalibus ob eiusdem hominis

1. *Quod precatus sum.* Der prä-
sidierende Magistrat eröffnete die
Comitien mit einem Opfer und Ge-
bet, *precatio*, s. Liv. 39, 15, 1: *consules in rostra escenderunt, et contione advocata cum sollemne carmen
precationis, quod praefari, prius-
quam populum adloquantur, magistratus solent, peregisset consul,
ita coepit.*

2. *auspicato* 'nach vorausgehender
Befragung der Götter'; über die
Form s. Madvigs lat. Sprachl. § 429.

3. *renuntiavi.* Nachdem der
Praeco das Resultat der Abstimmung
der einzelnen Centurien verkündet
hatte, erfolgte die feierliche Renuntiation des Gewählten durch den
Magistratus, der die Wahlhandlung
geleitet hatte.

mihi fidei magistratuique, eine
alte Formel, wie Ennii fragm. Ann.
111 (ed. Vahl.) zeigt: *Quod mihi*
meaeque *fide* (= *fidei*) *et regno
vobisque Quiritis se fortunatim feliciter ac bene vortat,* und die bei
Varro de ling. lat. VI, § 86 erhal-
tene Formel von den Censoren:
*Quod bonum fortunatum felixque
salutareque sit populo Romano
Quiritium . mihique collegaeque fidei magistratuique meo, omnes Quirites . . voca inlicium ad me.* In
dieser Formel scheint *fides* im Sinne
von 'Gewissenhaftigkeit, Pflicht-
treue, redliches Wollen' zu stehn.

4. *populo plebique.* Mit dieser
Verbindung, die nur in Gebeten, Ora-
kelsprüchen und anderen alten Formeln vorkommt, wird das aus Pa-
triciern und Plebejern bestehende
röm. Gesammtvolk bezeichnet; sie
stammt aus einer Zeit, wo die Patricier allein Vollbürger waren und
als solche den *populus* ausmachten.

5. *ob obtinendum* 'jetzt wo es
sich darum handelt dass' etc.

consulatum una cum salute obtinendum, et ut vestrae mentes
atque sententiae cum populi Romani voluntatibus suffragiisque
consentiant eaque res vobis populoque Romano pacem, tranquillitatem, otium concordiamque adferat. Quodsi illa sollemnis comitiorum precatio consularibus auspiciis consecrata tantam habet 5
in se vim et religionem, quantam rei publicae dignitas postulat,
idem ego sum precatus, ut eis quoque hominibus, quibus hic
consulatus me rogante datus esset, ea res fauste feliciter pro-
2 spereque eveniret. Quae cum ita sint, iudices, et cum omnis deorum immortalium potestas aut translata sit ad vos aut certe 10
communicata vobiscum, idem consulem vestrae fidei commendat,
qui antea dis immortalibus commendavit, ut ciusdem hominis
voce et declaratus consul et defensus beneficium populi Romani
cum vestra atque omnium civium salute tueatur.

Et quoniam in hoc officio studium meae defensionis ab ac- 15
cusatoribus atque etiam ipsa susceptio causae reprehensa est,
ante quam pro L. Murena dicere instituo, pro me ipso pauca

1. *salute* 'Heil, bürgerliches Wohl',
das von seiner Freisprechung ab-
hing.

et ut schliesst sich an *idem* an =
precor ut ea res feliciter eveniat
et ut etc.

2. *voluntatibus* 'Wünschen' st.
des gewöhnlichen *voluntate* (wenn
nicht so zu lesen ist, s. p. Sestio
§ 106 *populi Ro. iudicium et voluntas*)
der rhetorischen Symmetrie wegen.

6. *vim et religionem* 'Kraft und
Heiligkeit', wie p. Rosc. Am. § 66
*magnam vim, magnam necessita-
tem, magnam possidet religionem
paternus maternusque sanguis*, de
domo sua § 127 *dedicatio magnam
habet religionem*.

7. *idem ego sum precatus* 'so habe
ich damit auch zugleich erfleht'.

8. *me rogante* sc. populum, hier
= *me comitia habente*. Vollständig
lautete die Formel: *consul populum
consulem rogat* (s. Liv. 3, 65, 4 *qui
plebem Romanam tribunos plebi rogaret;* 6, 42, 14 *ut duoviros aedi-
les ex patribus dictator populum
rogaret;* Festus p. 347 *praetor tres
viros capitales populum rogato*), d.
h. der Consul befragt das Volk, ob

es einen als Consul wolle.

10. *translata ad vos*, indem die
Richter denselben Schutz wie die
Götter in der Erhaltung des Consu-
lats gewähren können.

13. *beneficium* 'die ihm verliehene
Auszeichnung'; ebenso §§ 3. 86. 90.

14. *cum — salute* 'zu eurem Heile',
s. Madvig § 258 A. 5.

15. *Et quoniam*. Wie in der or.
p. Sulla schickt Cicero, ehe er auf
die Klagepunkte selbst eingeht, eine
Rechtfertigung seiner selbst voraus,
dass er des Murena Vertheidigung
übernommen habe. Vgl. Cic. de Invent. I, § 22: *Benevolentia* (iudicum) *quattuor ex locis comparatur:
ab nostra, ab adversariorum, ab
iudicum persona, a causa. Ab nostra persona, si de nostris factis
et officiis sine adrogantia dicemus,
si crimina illata et aliquas minus
honestas suspiciones incertas dilue-
mus* etc.

officio 'Dienstleistung' gegen Murena, wie § 3 *de officio meo*.

16. *reprehensa est* von den An-
klägern.

17. *antequam dicere instituo:*
über das Praesens, wofür es auch

dicam, non quo mihi potior hoc quidem in tempore sit officii
mei quam huiusce salutis defensio, sed ut meo facto vobis pro-
bato maiore auctoritate ab huius honore, fama fortunisque omnibus inimicorum impetus propulsare possim.

5   **2.** Et primum M. Catoni vitam ad certam rationis normam 3
derigenti et diligentissime perpendenti momenta officiorum omnium de officio meo respondebo. Negat fuisse rectum [Cato] me
et consulem et legis ambitus latorem et tam severe gesto consulatu causam L. Murenae attingere. Cuius reprehensio me vehe-
10 menter movet, non solum ut vobis, iudices, quibus maxime debeo, verum etiam ut ipsi Catoni, gravissimo atque integerrimo
viro, rationem facti mei probem. A quo tandem, M. Cato, est
aequius consulem defendi quam a consule? quis mihi in re publica potest aut debet esse coniunctior, quam is, cui res publica
15 a me una *cum consulatu* traditur sustinenda, magnis meis
laboribus et periculis sustentata? Quodsi in iis rebus repetendis,
quae mancipi sunt, is periculum iudicii praestare debet, qui se

---

dicam heissen konnte, s. Madv. §
339 A. 2, c.

5. *rationis* 'einer Theorie, eines
philosophischen Systems', neml. des
stoischen.

6. *momenta offic.* 'die Bestim-
mungs-, Entscheidungsgründe', was
für alle Obliegenheiten den Ausschlag gibt.

8. *legis ambitus latorem*, Einl. § 8.

10. *movet* 'drängt' = impellit.

14. *esse coniunctior* 'näher stehn'.

15. *una*, wofür man verschiedene
Verbesserungen versucht hat, weist
auf eine kleine Lücke im Text hin,
die wir nach dem Vorschlag von
Muther mit *cum consulatu* ergänzt
haben. Lücken finden sich mehrere
im überlieferten Text der Rede.

traditur st. *tradetur* mit rhetorischer Prolepsis, weil die Niederlegung des Consulats schon so nahe
stand.

16. *sustentata* nach *sustinenda*,
weil das Particip *sustenta* weniger
gebräuchlich war.

in iis rebus repetendis: *repetere*
abfordern im Processe (dafür tech-
nisch *evincere* 'einen Besitz abstrei-

ten'). Ein dritter streitet dem Käufer die Kaufsache im Processe ab,
indem er darthut, dass er ein bes-
seres Anrecht an die Sache habe.

17. *quae mancipi sunt.* Nach römi-
schem Civilrechte waren alle Sachen
res mancipi (== *mancipii*) oder *nec*
(== *non*) *mancipi*. Das Eigenthüm-
liche der *res mancipi* im Gegensatz
zu den *res nec mancipi* bestand darin, dass sie zu ächtem römischen
Eigenthum nur durch die feierlichen
Acte der *mancipatio* oder der *in
iure cessio* übertragen werden konnten, indem sie der Uebertragung
durch *mancipatio* allein fähig waren.
Die *mancipatio* war eine Uebertragung in der Form eines symbolischen Kaufes, wobei der (symbolische) Kaufpreis nicht gezahlt, sondern zugewogen wurde, daher bei
derselben eine Wage, ein Waghal-
ter (*libripens*) und ein Stückchen
Erz erforderlich waren (*negotium
per aes et libram*); ausserdem war
die Gegenwart von fünf Zeugen
nothwendig, die *cives Romani pu-
beres* sein mussten. *Res mancipi*
waren *praedia in solo Italico* (Grund-

nexu obligavit, profecto etiam rectius in iudicio consulis designati is potissimum, qui consulem declaravit, auctor beneficii po-
4 puli Romani defensorque periculi esse dedebit. Ac si, ut nonnullis in civitatibus fieri solet, patronus huic causae publice con-
stitueretur, is potissimum summo honore adfecto defensor 5
daretur, qui eodem honore praeditus non minus adferret ad dicendum auctoritatis quam facultatis. Quodsi e portu solventibus
ii, qui iam in portum ex alto invehuntur, praecipere summo
studio solent et tempestatum rationem et praedonum et locorum,
quod natura fert, ut eis faveamus, qui eadem pericula, quibus 10
nos perfuncti sumus, ingrediantur: quo tandem me esse animo
oportet, prope iam ex magna iactatione terram videntem, in hunc,
cui video maximas tempestates rei publicae esse subeundas?
Quare, si est boni consulis non solum videre quid agatur, verum
etiam providere quid futurum sit, ostendam alio loco, quantum 15
salutis communis intersit duos consules in re publica Kalendis
5 Ianuariis esse. Quod si ita est, non tam me officium debuit ad
hominis amici fortunas quam res publica consulem ad communem salutem defendendam vocare. ¦3. Nam quod legem de ambitu tuli, certe ita tuli, ut eam, quam mihimet ipsi iam pridem 20
tuleram de civium periculis defendendis, non abrogarem. Etenim
si largitionem factam esse confiterer idque recte factum esse defenderem, facerem improbe, etiam si alius legem tulisset: cum

stücke in Italien oder in der Feld-
mark von Städten mit *ius Italicum*),
Sclaven, Zug- und Lastthiere, *ser-*
vitutes praediorum rusticorum, d. i.
Dicnstbarkeiten zu Gunsten länd-
licher Grundstücke.

periculum iudicii praestare 'für
die Gefahr des (Civil) Processes ein-
stehn', sie übernehmen; denn der
Verkäufer hatte dafür zu haften,
dass der Käufer im ungestörten Besitz der Sache verbleiben durfte.

1. *nexu: nexus (nexum)* bezeichnet das *negotium per aes et libram*
in seiner Richtung auf obligatori-
sche Rechtsverhältnisse.

2. *auctor* 'Gewährleister, Ver-
treter'; *beneficii*, s. zu § 2.

3. *Ac* leitet einen zweiten Ver-
gleich (*simile*) ein.

nonnullis in civitatibus, wie z. B.
in Athen, wo die σύνδικοι 'Staatsan-
wälte' in gewissen Fällen im Namen

des Volkes eine Vertheidigung
führten.

7. *solventibus* absolut, sc. *na-*
vem oder *ancoram*.

8. *praecipere* 'Vorschriften (Aus-
kunft) ertheilen'; *rationem* 'darüber
wie es stehe mit'; vgl. Zumpt
§ 678.

10. *faveamus* 'Antheil nehmen'.
qui ingrediantur == *quos ingredi*
scimus.

13. *rei publicae* 'politische'.

15. *alio loco* § 79 a. E.

17. *me* ist stark betont im Gegensatz von *consulem*.

21. *abrogarem*: das Imperfect,
wofür Wesenberg *abrogarim*
schreiben wollte, bezeichnet die be-
absichtigte Folge, die sogleich im
Momente des *legem ferre* eingetreten ist, unser 'nicht abschaffen
wollte'.

22. *defenderem* mit Accus. c. Inf.

vero nihil commissum contra legem esse defendam, quid est
quod meam defensionem latio legis impediat? At negat esse eius- 6
dem severitatis, Catilinam exitium rei publicae intra moenia mo-
lientem verbis et paene imperio ex urbe expulisse et nunc pro
5 L. Murena dicere. Ego autem has partis lenitatis et misericor-
diae, quas me natura ipsa docuit, semper egi libenter, illam vero
gravitatis severitatisque personam non adpetivi, sed ab re publica mihi impositam sustinui, sicut huius imperii dignitas in
summo periculo civium postulabat. Quodsi tum, cum res pu-
10 blica vim et severitatem desiderabat, vici naturam et tam vehemens
fui quam cogebar, non quam volebam, nunc, cum omnes me
causae ad misericordiam atque humanitatem vocent, quanto tandem studio debeo naturae meae consuetudinique servire! Ac de
officio defensionis meae ac de ratione accusationis tuae fortasse
15 etiam alia in parte orationis dicendum nobis erit.

Sed me, iudices, non minus hominis sapientissimi atque 7
ornatissimi, Ser. Sulpicii, conquestio quam Catonis accusatio
commovebat, qui gravissime et acerbissime se ferre dixit me fa-
miliaritatis necessitudinisque oblitum causam L. Murenae contra
20 se defendere. Huic ego, iudices, satisfacere cupio vosque adhi-
bere arbitros: nam cum grave est vere accusari in amicitia,
tum, etiam si falso accuseris, non est neglegendum. Ego, Servi
Sulpici, me in petitione tua tibi omnia studia atque officia pro
nostra necessitudine et debuisse confiteor et praestitisse arbitror.
25 Nihil tibi consulatum petenti a me defuit, quod esset aut ab

'in der Vertheidigung behaupten,
geltend machen', wie § 34.

2. *at* führt in der Form des Ein-
wurfs den dritten Punkt der Bedenken ein (s. § 3), die Cato gegen Ciceros Uebernahme der'Vertheidigung
erhoben hatte.

5. *ego autem* etc., vgl. die ähn-
liche Stelle bei Cic. or. p. Sulla 3, 8.

6. *docuit*. Auch dieser Ausdruck
ist, wie *partes*, technischer Ter-
minus von der Bühne, da das *fabu-
lam docere* Sache des Dichters war.

8. *imperii* sc. consularis, wie
in Cat. I, § 12 *quod huius imperii
proprium est*.

11. *nunc cum vocent*: der Conjunctiv, weil *cum* zugleich als begrün-
dend erscheint 'jetzt wo ja', wie §
8: *neque enim, si tibi tum, cum con-

sulatum peteres*, *adfui, nunc, cum
Murenam ipsum petas*, *adiutor
eodem pacto esse debeo*. p. Mil. §
98: *hoc tempore ipso, cum omnes a
cunctis inimicis faces invidiae meae
subiciantur*.

15. *alia in parte*, cap. 32 u. 37.

16. *sapientissimi*: so wegen der
juristischen Gelehrsamkeit des Sulpicius.

19. *famil. necessitudinisque* 'der
engen freundschaftlichen Bande'.

20. *huic satisfacere* 'vor diesem
mich rechtfertigen'.

21. *arbitros*, s. zu § 27 a. E.

22. *neglegendum* 'gering zu ach-
ten'.

23. *studia* 'eifrige Mitwirkung'.

25. *a me* 'von meiner Seite', wie
p. Mil. § 100: *tibi, T. Anni, nullum

amico aut a gratioso aut a consule postulandum. Abiit illud tempus, mutata ratio est. Sic existimo, sic mihi persuadeo, me tibi contra honorem L. Murenae, quantum tu a me postulare ausus 8 es, tantum debuisse, contra salutem nihil debere. Neque enim, si tibi tum, cum peteres consulatum, adfui, nunc, cum Mure- 5 nam ipsum petas, adiutor eodem pacto esse debeo. Atque hoc non modo non laudari, sed ne concedi quidem potest, ut, amicis nostris accusantibus, non etiam alienissimos defendamus. **4.** Mihi autem cum Murena, iudices, et magna et vetus amicitia est, quae in capitis dimicatione a Ser. Sulpicio non idcirco obruetur, 10 quod ab eodem in honoris contentione superata est. Quae si causa non esset, tamen vel dignitas hominis vel honoris eius, quem adeptus est, amplitudo summae mihi superbiae crudelitatisque famam inussisset, si hominis et suis et populi Romani ornamentis amplissimi causam tanti periculi repudiassem. Neque enim iam 15 mihi licet neque est integrum, ut meum laborem hominum periculis sublevandis non impertiam. Nam cum praemia mihi tanta pro hac industria sint data, quanta antea nemini, quibus

---

a me amoris, nullum studii, nullum pietatis officium defuit.

1. *a gratioso*, substantivisch vermöge seiner Stellung zwischen *amico* und *consule*; vgl. Nägelsb. lat. Stil. § 25, b, 4 S. 81 (3).

3. *ausus es* mit der Andeutung, dass ihm vieles zugemuthet worden sei.

5. *peteres — petas*, s. zu § 6.

6. *hoc* 'der Grundsatz, die Forderung'; vgl. p. Sulla § 49: *intellegebat* (parens tuus) *hanc nobis a maioribus esse traditam disciplinam, ut nullius amicitia ad pericula propulsanda impediremur*.

8. *alienissimos*, s. zu § 45 a. E.

10. *in capitis dimicatione*: im Falle einer Verurtheilung hätte Murena nach der lex Tullia (Einl. § 8 f.) eine *capitis deminutio* durch Ausstossung aus dem Senat und zehnjähriges Exil erlitten. Ueber den Genetiv vgl. *honoris (dignitatis) contentio* §§ 8. 11. 56 u. Madv. § 283 A. 3. — *obruetur* 'über den Haufen geworfen werden, in Vergessenheit gerathen soll', s. § 86.

11. *superata est*, wegen Cicero's Parteinahme für den Mitbewerber

Sulpicius.

causa, sc. defendendi Murenae.

14. *famam inussisset*, wie man sagt *notam inurere*, 'mit dem Rufe brandmarken'.

suis, mit Bezug auf *hominis dignitas, populi Ro.* auf *honoris amplitudo*.

15. *causam tanti periculi*, d. h. die Vertheidigung in einem Process, bei dem so viel auf dem Spiele steht.

16. *integrum est ut*, wie Tusc. V, § 62: *ne integrum quidem erat* (Dionysio) *ut ad iustitiam remigraret*; vgl. Madv. § 374 A. 2.

17. *praemia*: Cicero verdankte als *homo novus* seine Beförderung zu den höchsten Ehrenstellen seiner Thätigkeit als Redner und bes. als Vertheidiger.

18. *quibus laboribus — deponere*, unsichere Lesart in einer heillos verderbten und lückenhaften Stelle. Aehnlich ist der Gedanke bei Cato (fragm. p. 50 Jord.): *nam periniurium siet, cum mihi ob eos mores, quos prius habui, honos detur, ubi datus est, tum uti eos mutem atque alii modi sim*, und Cic. Phil. VI, § 17: *quid enim non debeo vobis, Quirites,*

laboribus ea petieris, eos, cum adeptus sis, deponere, esset hominis
et astuti et ingrati. Quodsi licet desinere, si te auctore possum, si 9
nulla inertiae, nulla superbiae, nulla inhumanitatis culpa suscipitur,
ego vero libenter desino: sin autem fuga laboris desidiam, repu-
5 diatio supplicum superbiam, amicorum neglectio improbitatem
coarguit, nimirum haec causa est eius modi, quam nec industrius
quisquam nec misericors nec officiosus deserere possit. Atque
huiusce rei coniecturam de tuo ipsius studio, Servi, facillime ce-
peris. Nam si tibi necesse putas etiam adversariis amicorum
10 tuorum de iure consulentibus respondere, et si turpe existimas te
advocato illum ipsum, quem contra veneris, causa cadere, noli
tam esse iniustus, ut, cum tui fontes vel inimicis tuis pateant,
nostros etiam amicis putes clausos esse oportere. Etenim si me 10
tua familiaritas ab hac causa removisset et si hoc idem Q. Hor-
15 tensio, M. Crasso, clarissimis viris, si idem ceteris, a quibus intellego tuam gratiam magni aestimari, accidisset, in ea civitate
consul designatus defensorem non haberet, in qua nemini umquam infimo maiores nostri patronum deesse voluerunt. Ego vero,
iudices, ipse me existimarem nefarium, si amico, crudelem, si

*quem vos a se ortum hominibus no-
bilissimis omnibus honoribus praetu-
listis? An ingratus sum? quis minus? qui partis honoribus eosdem in
foro gessi labores quos petendis.*

1. *adeptus sis*, sc. praemia.
2. *te auctore* 'auf deine Verant-
wortung hin', d. h. wenn du für
alle mögliche schlimme Nachrede
einstehst.
4. *desino*: richtiger scheint *de-
sinam*, wie Bake vorschlägt.
8. *studio*, unser 'Fach' oder
'Wissenschaft'..
10. *respondere*, s. zu § 19.
11. *quem contra veneris* 'gegen
den du aufgetreten bist', s. zur or.
Phil. II, § 3; über die Stellung von
contra Madv. § 469, A. 2.
causa cadere heisst einen Process verlieren durch einen Formfehler (im Gegensatz von materiellen
Gründen); vgl. Victorinus ad Cic.
de invent. 2, 19 (Rhet. lat. p. 276
ed. Halm): *erat praeterea institutum ut causa caderet is, qui non
quemadmodum oportebat egisset.*

Paulli sent. I, 10, 1: *Plus petendo
causa cadimus aut loco aut summa
aut tempore aut qualitate:* loco '*ali-
bi*', summa '*maiorem petendo*',
tempore '*ante petendo quam debe-
tur*', qualitate '*debiti generis spe-
ciem licet viliorem postulando*'. Einige Beispiele der Art führt Cic. de
Orat. I, § 167 sq. an. Wie das *turpe
existimas* zu verstehen sei, ist nicht
leicht, aber die Sache wahrscheinlich so zu denken, dass sich der
Gegner solcher Formeln bedient hat,
die Sulpicius selbst angegeben hatte.
Ein Rechtsgutachten hatte er in
dem angenommenen Falle dem Manne
auf die *consultatio* nicht verwei-
gert, war aber sodann in der Sache
gegen ihn als Anwalt eines Freundes aufgetreten.
12. *inimicis tuis*, mit rhetorischer
Uebertreibung st. *inimicis amicorum
tuorum.*
14. *Q. Hortensio, M. Crasso*, s.
Einl. § 12.
17. *nemini infimo* 'keinem noch
so geringen'.
19 *crudelem* 'gefühllos, herzlos'.

misero, superbum, si consuli defuissem. Quare quod dandum est
amicitiae, large dabitur a me, ut tecum agam, Servi, non secus ac
si meus esset frater, qui mihi est carissimus, isto in loco: quod
tribuendum est officio, fidei, religioni, id ita moderabor, ut me-
minerim me contra amici studium pro amici periculo dicere.   5

11   **5.** Intellego, iudices, tris totius accusationis partis fuisse et
earum unam in reprehensione vitae, alteram in contentione
dignitatis, tertiam in criminibus ambitus esse versatam. Atque
harum trium partium prima illa, quae gravissima debebat esse,
ita fuit infirma et levis, ut illos lex magis quaedam accusatoria 10
quam vera male dicendi facultas de vita L. Murenae dicere aliquid
coëgerit. Obiecta est enim Asia: quae ab hoc non ad voluptatem et luxuriam expetita est, sed in militari labore peragrata.
Qui si adulescens patre suo imperatore non meruisset, aut
hostem aut patris imperium timuisse aut a parente repudiatus 15
esse videretur. An cum sedere in equis triumphantium praetex-

2. *ut agam,* wofür im Deutschen
das Futur nothwendig ist, als gleich-
zeitig mit *dabitur*; s. die Beispiele
zur divin. in Caecil. § 44 a. E.

3. *isto in loco,* sc. in accusatorum subselliis.

4. *officio, fidei, religioni*: man
beachte die Steigerung.

5. *studium* 'Bestrebung', ge-
milderter Ausdruck für *accusatio*;
pro amici periculo 'für einen be-
drängten Freund'.

6. *Intellego*: hier beginnt die
Beweisführung.

7. *unam — alteram*: dieselbe Art
der Aufzählung (nicht *primam — se-
cundam*) auch § 30 und 37.

in contentione dignitatis, s. zu
S. 22, 10.

10. *illos* vomGegner (st.*istos*),wie in
historischer Erzählung, bei directer
Anrede an die Richter, s. Z. 6.

lex q. accusatoria 'eine ich
möchte sagen zum Gesetz gewordene Gewohnheit der Ankläger'.

12. *Obiecta est Asia*, in gemilder-
ter Form, statt *delicatius vitae genus in Asia.* Bei Cic. ep. ad Q.
fr. I, 1, 19 heisst die provincia *cor-
ruptrix*, bei Tac. Agr. 6 *dives ac
parata peccantibus*, bei Liv. 34, 4, 3
omnibus libidinum illecebris repleta.

quae adversativ, wie p. Rosc. Am.
§ 83. 118 u. ö.

13. *in militari labore* 'unter krie-
gerischen Anstrengungen'.

14. *patre imperatore*, Einl. § 3;
meruisset == stipendia meruisset.

15. *imperium*, das der Redner damit als ein strenges andeutet.

16. *an — fugiendum fuit.* Der
Zusammenhang ist: Man kann nicht
tadeln, dass Mur. nach Asien gegangen ist; denn dort commandierte
sein Vater, unter dem er sein militärisches Tirocinium machte; eben
so wenig verdient es eine Rüge, dass,
nachdem er die Gefahren seines Vaters getheilt, er auch an dessen Ehre
Antheil erhalten hat. Aus den Worten geht hervor, dass sich die Ankläger auch über diesen Punkt eine
tadelnde Bemerkung erlaubt hatten.

in equis triumphantium. In
dem mit vier Rossen bespannten
Triumphwagen sassen neben dem
Triumphator seine Kinder (vgl. Tac.
Ann. 2, 41. Val. Max. V, 7, 1) oder
nächsten Angehörigen; die grösseren
Knaben, *filii praetextati*, ritten auf
den Pferden des Triumphwagens;
s. Suet. Tib. 6: *pubescens* (Tiberius)
*Aetiaco triumpho currum Augusti
comitatus est sinisteriore funali*

tati potissimum filii soleant, huic donis militaribus patris triumphum decorare fugiendum fuit, ut rebus communiter gestis paene
simul cum patre triumpharet? Hic vero, iudices, et fuit in Asia 12
et viro fortissimo, parenti suo, magno adiumento in periculis,
5 solacio in laboribus, gratulationi in victoria fuit: et si habet Asia
suspicionem luxuriae quandam, non Asiam numquam vidisse,
sed in Asia continenter vixisse laudandum est. Quam ob rem
non Asiae nomen obiciendum Murenae fuit, ex qua laus familiae,
memoria generi, honos et gloria nomini constituta est, sed ali-
10 quod aut in Asia susceptum aut ex Asia deportatum flagitium
ac dedecus: meruisse vero stipendia in eo bello, quod tum populus Romanus non modo maximum, sed etiam solum gerebat,
virtutis, patre imperatore libentissime meruisse pietatis, finem
stipendiorum patris victoriam ac triumphum fuisse felicitatis fuit.
15 Maledicto quidem idcirco nihil in hisce rebus loci est, quod
omnia laus occupavit.

    6. Saltatorem appellat L. Murenam Cato. Maledictum est, 13
si vere obicitur, vehementis accusatoris, sin falso, maledici conviciatoris. Quare cum ista sis auctoritate, non debes, Marce,
20 arripere maledictum ex trivio aut scurrarum aliquod convicium,
neque temere consulem populi Romani saltatorem vocare, sed

*equo, cum Marcellus Octaviae filius
dexteriore veheretur.*

  1. *donis militaribus*, mit den für
seine Tapferkeit errungenen Ehren-
preisen.

  2. *ut* consecutiv, als nähere Ausführung des *decorare.*

  3. *cum patre triumpharet*, Einl. § 2.
vero bildet den Gegensatz zu den
gedachten negativen Sätzen *si non
meruisset* und *an decorare fugiendum fuit* (= *an non decoraret?*); im
Deutschen 'vielmehr, so aber'.

  5. *habet suspicionem* 'im Ver-
dachte steht', wie *habere* in Verbindung mit Verbalsubstantiven in
vielen Wendungen im passiven Sinne
vorkommt; vgl. zu § 68 u. Nägelsb.
Stil. § 95, 1 S. 257 (3).

  10. *susceptum* 'begangen, ver-
schuldet', *deportatum* 'heimgebracht',
das letztere von einem schand-
baren Laster, das er in Asien ge-
lernt und sich angewöhnt hatte.

  11. *quod — solum gerebat*, wofür

wir sagen: der nicht nur ein sehr
bedeutender, s. der einzige war,
den damals das r. Volk führte.

  15. *maledicto* 'üble Nachrede';
quidem, adversativ, wie § 23.

  16. *occupavit* in demselben Bilde,
wie das vorausgehende *nihil loci
est* 'hat keinen Raum'

  17. *saltatorem*, d. i. einen panto-
mimischen, der sich bei üppigem
Mahle in einem mimischen Einzeln-
tanz vor seinen Zechgenossen sehen
liess; s. zur or. p. Deiot. § 26.

  18. *maledici conviciatoris*; vgl. p.
Caelio § 6: *Aliud est maledicere,
aliud accusare. Accusatio crimen
desiderat, rem ut definiat, hominem
ut notet, argumento probet, teste
confirmet: maledictio autem nihil
habet propositi praeter contume-
liam, quae si petulantius iactatur,
convicium, si facetius, urbanitas
nominatur.*

  19. *Marce:* die Anrede mit dem
Praenomen im familiären Tone, um

circumspicere, quibus praeterea vitiis adfectum esse necesse sit
eum, cui vere istud obici possit. Nemo enim fere saltat sobrius,
nisi forte insanit, neque in solitudine neque in convivio modera-
to atque honesto : tempestivi convivii, amoeni loci, multarum
deliciarum comes est extrema saltatio. Tu mihi arripis hoc, quod 5
necesse est omnium vitiorum esse postremum, relinquis illa,
quibus remotis hoc vitium omnino esse non potest. Nullum turpe
convivium, non amor, non comissatio, non libido, non sum-
ptus ostenditur; et cum ea non reperiantur, quae quamquam voluptatis nomen habent, vitiosa sunt, in quo ipsam luxuriam repe- 10
rire non potes, in eo te umbram luxuriae reperturum putas?
14 Nihil igitur in vitam L. Murenae dici potest, nihil, inquam, omnino, iudices. Sic a me consul designatus defenditur, ut eius
nulla fraus, nulla avaritia, nulla perfidia, nulla crudelitas, nullum
petulans dictum proferatur. Bene habet, iacta sunt fundamenta 15
defensionis: nondum enim nostris laudibus, quibus utar postea,
sed prope inimicorum confessione virum bonum atque integrum
hominem defendimus. Quo constituto facilior est mihi aditus ad
contentionem dignitatis, quae pars altera fuit accusationis.

15   7. Summam video esse in te, Ser. Sulpici, dignitatem gene- 20
ris, integritatis, industriae ceterorumque ornamentorum omnium,
quibus fretum ad consulatus petitionem adgredi par est. Paria
cognosco esse ista in L. Murena atque ita paria, ut neque ipse

die Schärfe des Tadels etwas zu
mildern.

4. *tempestivi convivii*, wofür wir
sagen 'üppiges Mahl', das vor der
neunten Stunde, der gewöhnlichen
Zeit der *cena*, begann und dann auch
bis in die Nacht fortgesetzt wurde.
Vgl. Suet. Nero 27: *epulas a medio
die ad mediam noctem protrahebat*.

5. *mihi*, dativus ethicus, wie
§ 21 und 74.

6. *relinquis* = non commemoras,
wie de Off. III, § 9.

11. *umbram luxuriae*, Umschrei-
bung für *vitium saltationis*; *umbra*
im Sinne von *comes assidua*, wie
es oben heisst *multarum deliciarum
comes est extrema saltatio*.

13. *sic* 'unter solchen Umständen';
ut — proferatur 'dass beigebracht
werden kann'. Der Redner schliesst
die Widerlegung des *probabile ex
vita* mit dem allgemeinen Satz, dass

die *vita ante acta* ganz zu Gunsten
seines Clienten spreche.

17. *confessione*, insofern das,
was sie behaupten, alles Grundes
entbehrt und sie anderes nicht bei-
zubringen wissen, eine starke rhetorische Hyperbel!

virum — hominem: ersteres in
Verbindung mit einem Prädicate,
das dem Murena im öffentlichen Leben als *civis* zukam, letzteres mit
einem solchen, auf das er als Mensch
und Privatmann (moralische Eigen-
schaft) Anspruch hatte.

18. *defendimus* ohne *esse* (s. zu
§ 5), weil von einem Urtheile die
Rede ist = *in defensione iudicamus*.

22. *quibus fretum* etc. Wir sagen in anderer Form: die vorhanden sein müssen, wenn man zur Bewerbung ums Consulat schreiten
will.

23. *ista*, quibus tu fretus es.

dignitate a te vinci potuerit neque te dignitate superarit. Contem-
psisti L. Murenae genus, extulisti tuum. Quo loco si tibi hoc su-
mis, nisi qui patricius sit, neminem bono esse genere natum,
facis ut rursus plebes in Aventinum sevocanda esse videatur.
5 Sin autem sunt amplae et honestae familiae plebeiae, et proavus
L. Murenae et avus praetor fuit et pater, cum amplissime atque
honestissime ex praetura triumphasset, hoc faciliorem huic gradum consulatus adipiscendi reliquit, quod is iam patri debitus a
filio petebatur. Tua vero nobilitas, Servi Sulpici, tametsi summa 16
10 est, tamen hominibus litteratis et historicis est notior, populo
vero et suffragatoribus obscurior; pater enim fuit equestri loco,
avus nulla inlustri laude celebratus. Itaque non ex sermone ho-

1. *neque te dignitate superarit.*
Wenn *dignitate* nicht als Glossem zu
streichen ist, so scheint Cic. mit
der Wiederholung anzudeuten, dass
M. den Sulp. zwar nicht *dignitate,*
wohl aber durch andere zufällige
Umstände übertroffen habe, was
cap. 21 ff. ausgeführt ist.

2. *L. Murenae genus.* Die *gens
Licinia* gehörte nicht zum patrici-
schen, sondern plebejischen Adel;
unter diesem jedoch nahm sie besonders durch die *Crassi* und *Luculli*
eine der glänzendsten Stellen ein.
Man hat aber hier bei *genus* wohl zunächst an die Familie der Murenae
zu denken.
hoc 'das Urtheil, die anspruch-
volle Behauptung'.

4. *in Aventinum*: vgl. Liv. II,
22: *Quo facto maturata est seditio.
Et primo agitatum dicitur de consulum caede, ut solverentur sacra-
mento: doctos deinde nullam scelere religionem solvi, Sicinio quodam auctore iniussu consulum in
Sacrum montem secessisse: trans
Anienem amnem est, tria ab urbe
milia passuum. Ea frequentior fama
est quam cuius Piso* (der Annalist)
*auctor est, in Aventinum secessio-
nem esse factam.*

5. *et proavus,* wir sagen im Folge-
satz: so bemerke ich dass etc., wie
§ 20 *tamen testata sunt* = *dico
testata esse.* Ueber Murena's *proa-*

vus und *avus* ist nichts weiter bekannt als was hier Cic. mittheilt.
6. *fuit,* s. Madv. § 213 Anm.
amplissime atque honestissime
sind Prädikate, die einem jeden Tri-
umphe zukommen. Einen besonders
grossartigen hätte Cic. wohl mit
stärkeren Ausdrücken bezeichnet.

7. *ex praetura* ist beigefügt, weil
blos active oder gewesene Consuln
und Praetoren auf die Ehre des Triumphes Anspruch hatten. Cn. Pompeius war der erste, der ausnahms-
weise als *eques Romanus* (d. h. ohne
vorher ein Staatsamt bekleidet zu
haben) triumphiert hat.
gradum = aditum, wie de lege
agr. II, § 38: *hunc quasi gradum
quendam atque aditum ad cetera
factum intellegetis.*

9. *summa est,* da die *gens Sul-
picia* eines der ältesten Patricierge-
schlechter war. Die berühmtesten
Familien der gens waren die *Came-
rini, Galbae* und *Rufi,* zu welch letz-
teren unser Ser. Sulpicius gehörte.

10. *historicis* hier mehr im Sinne
von Alterthumsforschern als eigent-
lichen Historikern.

11. *suffragatoribus,* Leuten, die
eine Wahl unterstützen, Stimm-
werbern, *obscurior* 'minder bekannt'.
equestri loco, weil er kein Staatsamt bekleidet hatte und so nicht in
den Senat gelangt war.

12. *nulla inlustri laude celebratus*:

minum recenti, sed ex annalium vetustate eruenda memoria est
nobilitatis tuae. Quare ego te semper in nostrum numerum ad-
gregare soleo, quod virtute industriaque perfecisti, ut cum
equitis Romani esses filius, summa tamen amplitudine dignus pu-
tarere. Nec mihi umquam minus in Q. Pompeio, novo homine 5
et fortissimo viro, virtutis esse visum est quam in homine no-
bilissimo M. Aemilio. Etenim eiusdem animi atque ingenii est
posteris suis, quod Pompeius fecit, amplitudinem nominis, quam
non acceperit, tradere, et, ut Scaurus, memoriam prope inter-
17 mortuam generis sua virtute renovare. 8. Quamquam ego iam 10
putabam, iudices, multis viris fortibus ne ignobilitas generis
obiceretur, meo labore esse perfectum, qui non modo Curiis,
Catonibus, Pompeiis, antiquis illis fortissimis viris, sed his re-

der Gegensatz *equestri loco* zeigt,
dass er doch Senator gewesen ist.

1. *ex annalium vetustate* für *ex
vetustis annalibus* wegen der Con-
cinnität mit *ex sermone h. recenti*,
wie § 10 a. E. *pro amici periculo*.

2. *in nostrum numerum*, sc. hominum novorum.

4. *summa amplitudine*, weil er
es zur Prätur gebracht hat, aber
auch mit Rücksicht aufs Consulat,
das er zwar noch nicht erlangt hatte,
aber dessen als würdig erachtet
wurde.

5. *in Q. Pompeio Rufo*, Consul 141 v. Ch., der erste aus der plebejischen *gens Pompeia*. Er kämpfte
wiederholt in Spanien gegen Viria-
thus und vor Numantia, ohne bedeu-
tendes auszurichten. Im J. 131 war
er mit Q. Caecilius Metellus Macedonicus Censor, s. Liv. Perioch. 59:
tunc primum uterque ex plebe facti
(censores).

7. *M. Aemilio Scauro*, Consul
115 und 107, Censor 109 und seit
seinem ersten Consulat princeps
senatus. Ascon. in Cic. p. Scauro
p. 22: *verum Scaurus ita fuit patricius, ut tribus supra eum aetati-
bus iacuerit domus eius fortuna;
nam neque pater eius neque avus
neque etiam proavus, ut puto propter tenues opes et nullam vitae industriam, honores adepti sunt. Ita-*

que Scauro aeque ac novo homini
laborandum fuit. Vgl. auch 17, 36.

9. *acceperit*: das allgemeine Subject (*quis*) liegt im Infinitiv *tradere*,
wie de orat. I, § 30: *neque vero mihi
quidquam praestabilius videtur quam
posse dicendo tenere hominum coetus,
mentes adlicere, voluntates impellere
quo velit, unde autem velit deducere.*

11. *putabam*: man beachte das
Imperfect.

12. *Curiis — commemorandis* =
quamvis Curios commemorarent,
'trotz der Berufung auf', wie de
offic. I, § 5: *quis enim est qui nullis officii praeceptis tradendis phi-
losophum se audeat dicere?* Es heisst
nicht *commemoratis* wegen der wiederholt zu denkenden Handlung, wie
p. Mil. § 74: *qui .. alienos fundos
castris, exercitu, signis inferendis
petebat.*

Curiis, aus welcher plebejischen
Gens sich zuerst M'. Curius Denta-
tus durch seine Siege über die Sam-
niten und Pyrrhus (275 bei Beneventum) unsterblich gemacht hat.

13. *Catonibus* st. *Porciis*, weil die
Familie der Catones den Ruhm der
gens Porcia begründet hat.

his recentibus, die noch mehr Eindruck machen sollten, weil ihre Verdienste noch in frischem Andenken
standen.

centibus, Mariis et Didiis et Caeliis, commemorandis iacebant.
Cum vero ego tanto intervallo claustra ista nobilitatis refregissem, ut aditus ad consulatum posthac, sicut apud maiores nostros
fuit, non magis nobilitati quam virtuti pateret, non arbitrabar,
5 cum ex familia vetere et inlustri consul designatus ab equitis
Romani filio, consule, defenderetur, de generis novitate accusatores esse dicturos. Etenim mihi ipsi accidit, ut cum duobus
patriciis, altero improbissimo atque audacissimo, altero mode-
stissimo atque optimo viro, peterem; superavi tamen dignitate
Catilinam, gratia Galbam. Quodsi id crimen homini novo esse
deberet, profecto mihi neque inimici neque invidi defuissent.
Omittamus igitur de genere dicere, cuius est magna in utroque 18.
d gnitas: videamus cetera.
'Quaesturam una petiit et sum ego factus prior' Non est

1. *Mariis:* Marii kommen in den
italischen Municipien häufig vor;
ihren Namen hat zuerst C. Marius,
der Besieger der Cimbern und Teu-
tonen, in die Geschichte eingeführt.
Didiis, aus deren Geschlecht T.
Didius, Consul 98, zweimal *ex Macedonia* und *de Celtiberis* triumphiert
hat.
Caeliis, mit Beziehung auf *C. Cae-
lius Caldus*, der aus niederem Stande
durch Talent und Rührigkeit zu den
höchsten Ehrenämtern (zum Consulat 94) gelangt ist. Vgl. zu Verr.
V, § 181.
iacebant, d. h. sie drangen nicht
durch, konnten es zu keiner Anerkennung bringen.
2. *claustra nobilitatis*: de lege
agr. II § 3: *Me perlongo intervallo
prope memoriae temporumque nostrorum primum hominem novum
consulem fecistis et eum locum, quem
nobilitas praesidiis firmatum atque
omni ratione obvallatum tenebat,
me duce rescidistis virtutique in posterum patere voluistis.*
2. *refregissem:* man weiss jedoch,
dass zumeist die Furcht vor Catilina dem Cicero das Consulat ver-
schafft hat.
3. *apud maiores*, d. h. seit 366 v.
Chr., wo zuerst ein Plebejer zum
Consulat gelangt ist.

6. *de generis novitate*: es heisst
nicht *de hominis novitate* (denn L.
Murena war kein *homo novus*, s. §
15), sondern *de generis*, von welcher Sulp. im Gegensatz zu dem
hohen Alter seines eigenen Geschlechts sprechen konnte.
7. *cum duobus patriciis*: Asc.
Argum. ad or. in toga candida: *Sex
competitores in consulatus petitione Cicero habuit, duos patricios,
P. Sulpicium Galbam, L. Sergium
Catilinam; quattuor plebeios, e quibus duo nobiles, C. Antonium, M.
Antonii oratoris filium, L. Cassium
Longinum, duos, qui tantum non
primi ex familiis suis magistratum
adepti erant, Q. Cornificium et C.
Licinium Sacerdotem: solus Cicero ex
competitoribus equestri erat loco natus.*
10. *gratia* 'durch grössere Beliebt-
heit'; vgl. Asconius: *ceteri eius competitores modeste se gessere, visi-
que sunt Cornificius et Galba sobrii
ac sancti viri, Sacerdos nulla impro-
bitate notus.*
14. *prior*, d. h. ich habe früher
als Mur. die nöthige Stimmenmajorität (von 18 Tribus) erhalten; denn
in derselben Reihenfolge, in welcher
die gewählten die Majorität erlangt
hatten, fand auch ihre Renuntiation
statt. Die Wahl der Quaestoren
erfolgte in Tributcomitien.

respondendum ad omnia. Neque enim vestrum quemquam fugit,
cum multi pares dignitate fiant, unus autem primum *locum* solus
possit obtinere, non eundem esse ordinem dignitatis et renuntiatio-
nis, propterea quod renuntiatio gradus habet, dignitas autem est
persaepe eadem omnium. Sed quaestura utriusque propemodum 5
pari momento sortis fuit. Habuit hic lege Titia provinciam taci-
tam et quietam, tu illam, cui, cum quaestores sortiuntur, etiam
adclamari solet, Ostiensem, non tam gratiosam et inlustrem quam
negotiosam et molestam. Consedit utriusque nomen in quaestura; nullum enim vobis sors campum dedit, in quo excurrere 10
virtus cognoscique posset.

19   **9.** Reliqui temporis spatium in contentionem vocatur: ab
utroque dissimillima ratione tractatum est. Servius hic nobiscum
hanc urbanam militiam respondendi, scribendi, cavendi, plenam
sollicitudinis ac stomachi, secutus est: ius civile didicit; multum 15

---

2. *fiant* = *creentur*, wie § 50
si ille factus esset.
4. *gradus habet*, d. h. sie erfolgt
successive.
6. *momento* 'Ausschlag', d. h.
die Quaestur, die beiden durch des
Looses Entscheidung zufiel, war
von gleicher Qualität, neml. für keinen besonders günstig.
lege Titia, von der nichts weite-
res bekannt ist. Sie scheint Bestimmungen über die quästorischen
provinciae 'Geschäftskreise' und
deren Vertheilung enthalten zu
haben.
8. *adclamare* 'spöttisch zurufen'.
Ostiensem. Ausser den zwei *quaestores urbani* gab es mehrere Quaestoren für Italien, von denen einer
zu Ostia als dem Hauptstapelplatz
für die Getreidezufuhr seine Station
hatte.
9. *consedit*, eine uns fremde Me-
tapher, 'er ruhte', d. h. er wurde
nicht genannt, war nicht im Munde
der Leute.
12. *in contentionem vocatur* 'wird
in Vergleichung gezogen'. Cic. geht
von der Quaestur sogleich auf die
Prätur über, weil keiner der beiden
Gegner weder Volkstribun (welches
Amt Sulpicius als Patricier nicht
führen konnte) noch Aedil gewesen

war. Beide Aemter konnten übergangen werden, wenn es auch selten der Fall war, dass nicht wenigstens das eine von beiden nach der
Quaestur bekleidet wurde.
13. *tractatum* 'verwendet', wenn
nicht *transactum* zu lesen ist; vgl.
jedoch Auct. ad Herenn. 4, 24, 33:
*an ad suam revertetur antiquam vitam
alicubi honeste tractatam?*
14. *urbanam militiam* 'den Dienst
in der Stadt', scherzhafte Bezeich-
nung der Thätigkeit eines Rechtsgelehrten.
respondendi, scribendi, cavendi,
womit die Hauptzweige der damaligen juristischen Praxis begriffen
sind: das *respondere*, Gutachten und
Bescheide auf Befragung (*consulere*)
über Rechtsgeschäfte ertheilen; das
scribere, Rechtsinstrumente aller
Art, wie Testamente, Verträge,
Klagformeln etc. abfassen; das *ca-
vere*, Sicherungsmassregeln angeben
oder schriftlich abfassen, durch
welche Parteien bei Eingehung eines
Rechtsgeschäfts vor etwaigem Schaden sollen gesichert werden. Vgl.
de orat. I, § 212: *Sin autem quae-
reretur, quisnam iuris consultus
vere nominaretur, eum dicerem, qui
legum et consuetudinis eius, qua
privati in civitate uterentur, et ad*

vigilavit laboravit, praesto multis fuit, multorum stultitiam perpes-
sus est, arrogantiam pertulit, difficultatem exsorbuit: vixit ad aliorum arbitrium, non ad suum. Magna laus et grata omnibus,
unum hominem elaborare in ea scientia, quae sit multis profutura. Quid Murena interea? Fortissimo et sapientissimo viro, 20
summo imperatori legatus L. Lucullo fuit: qua in legatione duxit
exercitum, signa contulit, manum conseruit, magnas copias hostium fudit, urbes partim vi, partim obsidione cepit, Asiam istam
refertam et eandem delicatam sic obiit, ut in ea neque avaritiae
neque luxuriae vestigium reliquerit; maximo in bello_sic est ver-
satus, ut hic multas res et magnas sine imperatore gesserit, nullam sine hoc imperator. Atque haec quamquam praesente L. ⁻
Lucullo loquor, tamen, ne ab ipso propter periculum nostrum
concessam videamur habere licentiam fingendi, publicis litteris
testata sunt omnia, quibus L. Lucullus tantum *huic* laudis impertit, quantum neque ambitiosus imperator neque invidus tribuere
alteri in communicanda gloria debuit. Summa in utroque est ho- 21
nestas, summa dignitas: quam ego, si mihi per Servium liceat,
parem atque in eadem laude ponam. Sed non licet: agitat rem
militarem, insectatur totam hanc legationem, assiduitatis et ope-
rarum harum cotidianarum putat esse consulatum. Apud exercitum mihi fueris? inquit, tot annis forum non attigeris? afueris

---

*respondendum et ad agendum et ad
cavendum peritus esset.*

　2. *difficultatem* 'Eigensinn, Starr-
köpfigkeit'.

　exsorbuit: wir sagen mit schwä-
cherem Bilde 'verwinden'.

　3. *laus* 'Verdienst'.

　4. *sit profutura*, 'darnach ange-
than ist zu nützen, n. kann'.

　6. *legatus*, Einl. § 3.

　L. Lucullo ist vielleicht aus Interpolation hier eingesetzt; denn gut
bemerkt Kayser, dass es wohl
eine absichtliche Feinheit war den
anwesenden Lucullus nicht sogleich
zu nennen, sondern nur mit ehrenden
Prädikaten zu bezeichnen, zu welcher Annahme auch die ungewöhn-
liche Stellung des Namens berechtigt.

　9. *refertam*, absolut, wie de
orat. I, § 161: *tamquam in aliquam
locupletem ac refertam domum ve-
nerim*. de Rep. II, 24: *Suessam Po-
metiam, urbem opulentam refer-*

tamque cepit.

　et eandem 'und dabei'; *delicatam*
'genusssüchtig', wie § 74.

　12. *praesente*, s. Einl. § 11.

　13. *tamen — testata sunt*, s. zu
S. 27, 5.

　nostrum, indem Cic. M.'s Sache
zugleich als die seinige betrachtet.

　14. *publicis* 'officiellen', die L.
während des Kriegs aus Asien an
den Senat gesandt hatte.

　15. *impertit*: das Praesens, weil
sich Cic. auf die vorliegenden Berichte bezieht.

　quantum — debuit: wir sagen in
etwas anderer Form: wie ein Feldherr, der ehrsüchtig oder neidisch
war, nicht nöthig gehabt hätte
zuzuerkennen.

　21. *harum* sc. forensium.

　22. *fueris*, rhetorischer Conjunctiv
der missbilligenden Frage: du soll-
test gewesen sein? du sagst, du
seiest gewesen, und willst doch einen

tam diu, et cum longo intervallo veneris, cum his, qui in foro
habitarint, de dignitate contendas? Primum ista nostra assiduitas, Servi, nescis quantum interdum adferat hominibus fasti-
dii, quantum satietatis. Mihi quidem vehementer expediit positam in oculis esse gratiam, sed tamen ego mei satietatem magno meo labore superavi, et tu item fortasse: verum tamen utrique nostrum desiderium nihil obfuisset. Sed ut hoc omisso
ad studiorum atque artium contentionem revertamur, qui potest
dubitari quin ad consulatum adipiscendum multo plus adferat
dignitatis rei militaris quam iuris civilis gloria? Vigilas tu de
nocte, ut tuis consultoribus respondeas, ille, ut eo, quo intendit, mature cum exercitu perveniat: te gallorum, illum bucinarum cantus exsuscitat: tu actionem instituis, ille aciem in-
struit: tu caves ne tui consultores, ille ne urbes aut castra capiantur: ille tenet et scit, ut hostium copiae, tu, ut aquae plu-

Wettstreit *de dignitate* beginnen?
Vgl. zu p. Sulla § 44.

1. *in foro habitare* 'auf dem Forum zu Hause sein', von ihm
nie wegkommen, wie Cic. Brut.
§ 305 *in rostris habitare*, de Orat.
I, § 264 *in subselliis habitare*, p.
Planc. § 66 *in oculis habitare*.

2. *primum ista n. assid.* Die Vor-
anstellung des Subjects drücken wir
durch die Wendung 'was zuerst betrifft' aus.

4. *quidem* 'allerdings'.

5. *positam — gratiam* 'dass das
Beliebtsein auf den Augen beruht',
d. h. wer beliebt werden und blei-
ben will, muss geschen werden, vor
den Augen stehn. Cic. sagt von
sich selbst p. Planc. § 66: *feci ut
postea cotidie me praesentem viderent:
habitavi in oculis, pressi forum, neminem a congressu meo neque ianitor
meus neque somnus absterruit.*

sed bezieht sich nicht auf das
nächste Glied, sondern auf *nihil
obfuisset*; der concessive Zwischensatz steht coordiniert, wo wir
sagen: aber während ich doch
wenigstens .. überwunden habe, so
hätte doch nichts geschadet.

7. *nostrum desiderium* 'ein Ver-
missen von uns', wenn man uns ver-

misst hätte, also hier = *absentia*; vgl.
Cic. ad Att. 2, 5, 1: *cupio equidem
et iam pridem cupio Alexandream
reliquamque Aegyptum visere et simul ab hac hominum satietate disce-
dere et cum aliquo desiderio reverti.*

8. *studiorum* 'Berufsarten', *artium* 'Wissenschaften, Kenntnisse'.

10. *iuris civilis gloria* mit ironi-
schem Anstrich, da der scientia iuris civilis nur *laus* zukam.

de nocte, wie § 69 'einen Theil
der Nacht, noch vor Tages An-
bruch'; vgl. Zumpt § 308.

11. *quo intendit* 'Marschziel'.

12. *gallorum*, vgl. Hor. Serm. 1,
1, 9: *Agricolam laudat iuris le-
gumque peritus, Sub galli cantum
consultor ubi ostia pulsat.*

bucinarum, mit denen die *vigi-
liae* im römischen Lager augezeigt
wurden; Censor. de die nat. 22: *alii
diem quadripertito, sed et noctem
similiter dividebant, idque similitudo testatur militaris, ubi dicitur
vigilia prima, item secunda et tertia
et quarta.*

13. *actionem instituis* 'leitest eine
Klage ein'.

14. *capiantur* 'überrumpelt werden'.

15. *ut aquae pluviae arceantur.*

viae arceantur: ille exercitatus est in propagandis finibus, tu in
regendis. Ac nimirum — dicendum est enim quod sentio — rei
militaris virtus praestat ceteris omnibus. 10. Haec nomen populo
Romano, haec huic urbi aeternam gloriam peperit, haec orbem
terrarum parere huic imperio coëgit: omnes urbanae res, omnia
haec nostra praeclara studia et haec forensis laus et industria
latent in tutela ac praesidio bellicae virtutis. Simulatque incre-
puit suspicio tumultus, artes ilico nostrae conticescunt.

Et quoniam mihi videris istam scientiam iuris tamquam fi- 23
liolam osculari tuam, non patiar te diutius in tanto errore versari,
ut istud nescio quid, quod tanto opere dilexisti, praeclarum aliquid esse arbitrere. Aliis ego te virtutibus, continentiae, gravitatis, iustitiae, fidei, ceteris omnibus, consulatu et omni honore
semper dignissimum iudicavi: quod quidem ius civile didicisti,
non dicam, operam perdidisti, sed illud dicam, nullam esse in
ista disciplina munitam ad consulatum viam. Omnes enim artes,
quae nobis populi Romani studia concilient, et admirabilem dignitatem et pergratam utilitatem debent habere. 11. Summa digni- 24
tas est in iis, qui militari laude antecellunt: omnia enim, quae

Wenn einer das Regenwasser durch
künstliche Anlagen (*opere facto*) von
seinem Grundstücke abwendete und
durch Zuführung dem Nachbar scha-
dete, so stand dem Beeinträchtigten
die *aquae pluviae arcendae actio* zu,
die auf Wiederherstellung des früheren Zustandes gerichtet war. Die
Worte *tu* (*scis*) *ut arceantur* sind
nun so zu verstehen, dass der Jurist
wisse, wie in einem solchen Falle
die Klage angestellt werde.
1. *in propagandis* sc. imperii
Romani, *in regendis* sc. agrorum 'in
Absteckung und Feststellung von
Ackergrenzen', damit die *fines* von
zwei oder mehreren nebeneinander-
liegenden Grundstücken nicht in
Verwirrung gerathen.
7. *latent* 'sind geborgen', wie
Liv. 34, 9, 10: *erant etiam co tu-
tiores, quod sub umbra Romanae
amicitiae latebant.*
8. *tumultus:* so sagt Cicero,
nicht *belli*, weil nur bei einem Krieg
in Italien, den man speciell *tumultus*
nannte, ein '*iustitium*' Gerichtsstillstand' eintrat; s. Phil. V, § 31:

*tumultum decerni, iustitium edici,
saga sumi dico oportere.*
9. *iuris* ist vielleicht erklärender
Zusatz.
10. *osculari* 'herzen'.
11. *istud nescio quid*, 'ich weiss
nicht wie ich es nennen soll', mit
geringschätzigem Ausdrucke.
dilexisti 'liebgewonnen, in's Herz
geschlossen hast', mit Bezug auf
tamquam filiolam tuam.
12. *aliis virtutibus — consulatu
dignissimum*, seltene Verbindung
zweier verschiedener Ablative in
einem Satze.
continentiae etc. Genetiv der
näheren Bestimmung, wo wir uns
einfacher Apposition bedienen, s.
Madv. § 286 A. 2.
14. *quidem*, s. zu S. 25, 15.
17. *concilient*, welche die Eigen-
schaft haben zu erwerben, von denen
man solches erwarten darf.
19. *quae sunt in imperio*, 'was im
Bereich der Oberherrlichkeit liegt',
d. h. worauf diese bedingt ist; *in
statu* 'fester, sicherer Bestand', s.
zu p. Sest. § 1.

sunt in imperio et in statu civitatis, ab his defendi et firmari
putantur; summa etiam utilitas, si quidem eorum consilio et
periculo cum re publica tum etiam nostris rebus perfrui possumus. Gravis etiam illa est et plena dignitatis facultas, quae
saepe valuit in consule deligendo, posse consilio atque oratione
et senatus et populi et eorum, qui res iudicant, mentes permo-
vere. Quaeritur consul, qui dicendo nonnumquam comprimat
tribunicios furores, qui concitatum populum flectat, qui largitioni
resistat. Non mirum, si ob hanc facultatem homines saepe etiam
non nobiles consulatum consecuti sunt, praesertim cum haec
eadem res plurimas gratias, firmissimas amicitias, maxima studia pariat. Quorum in isto vestro artificio, Sulpici, nihil est.
25 Primum dignitas in tam tenui scientia non potest esse: res enim
sunt parvae, prope in singulis litteris atque interpunctionibus
verborum occupatae. Deinde, etiamsi quid apud maiores nostros
fuit in isto studio admirationis, id enuntiatis vestris mysteriis
totum est contemptum et abiectum. Posset agi lege necne,

---

2. *consilio*, Umsicht, Klugheit
in Führung eines militärischen
Commandos, vgl. § 33.
3. *nostris*, i. e. *privatis*.
5. *valuit* 'den Ausschlag gab'.
posse, nähere Bestimmung von
facultas; zum Gedanken vgl. die zu
S. 28, 9 aus Cic. de orat. mitge-
theilte Stelle.
6. *qui res iudicant*, s. Zumpt §
714, 3.
8. *largitioni*, wenn Volkstribunen durch Anträge über Acker- oder
Getreidevertheilung (*leges agrariae
et frumentariae*) nach der Volksgunst streben. Cicero hat bekanntlich selbst als Consul die lex agra-
ria des Tribunen P. Servilius Rullus
bekämpft.
10. *non nobiles*, wie Cicero selbst.
11. *eadem res*, durch den Schutz
vor Gericht.
plurimas gratias 'Dankbarkeit,
dankbare Verbindlichkeiten'; der
Plural, wie § 42 *multas bonas gratias*,
weil von einer nach vielen Seiten
hin erworbenen *gratia* die Rede
ist = *plurimorum gratias*.
12. *artificio* 'Kunstfertigkeit', mit
absichtlicher Verkleinerung.

13. *dignitas* etc., vgl. dazu Cicero's Urtheil über den Werth der
Jurisprudenz de orat. I, c. 55.
tenui, 'kleinlich'
13. *res* die Gegenstände, mit
denen sich die scientia befasst.
14. *in singulis litteris*, s. de orat. I,
55, 236: *est iuris consultus ipse per
se* (ohne zugleich Redner zu sein)
*nihil nisi leguleius quidam cautus et
acutus, praeco actionum, cantor*
(Herableierer) *formularum, auceps
syllabarum* (Silbenstecher).
interpunctionibus verborum. So
führt Quintil. 7, 9, 5 den Fall an:
*si quis corpus suum inculto loco
poni iubeat circaque monumentum
multum agri ab heredibus in tute-
lam cinerum leget*, ob da gemeint
sei *in culto* oder *inculto loco*. Ein
anderer Fall der Art bei Fortuna-
tianus Rhet. 1, 24: *testamento* (aliquis) *ita cavit: amicus meus heres
esto milesi: contendunt de hereditate
Laesius* (*mi Laesi*) *et Milesius* (*Milesi*).
15. *occupatae* 'begriffen, beschränkt'.
17. *posset agi lege*, ob ein gericht-
liches Verfahren an einem bestimm-

pauci quondam sciebant; fastos enim vulgo non habebant. Erant in magna potentia qui consulebantur, a quibus etiam dies tamquam a Chaldaeis petebantur. Inventus est scriba quidam Cn. Flavius, qui cornicum oculos confixerit et singulis diebus discendis fastos 5 populo proposuerit et ab·ipsis capsis iuris consultorum eorum sapientiam compilarit. Itaque irati illi, quod sunt veriti, ne dierum ratione pervulgata et cognita sine sua opera lege agi posset, verba quaedam composuerunt, ut omnibus in rebus ipsi interessent.
12. Cum hoc fieri bellissime posset: 'fundus Sabinus 26

ten Tage eingeleitet werden konnte. *Lege agere* heisst nicht 'nach einem Gesetz verhandeln', sondern 'nach einem bestimmten Spruch Klage erheben'.

1. *fastos*, den Kalender, der ausser den Tagen der Kalendae, Nonae und Idus auch die Angabe enthielt, welche Tage *fasti*, d. h. Gerichtstage, und *nefasti* waren, bezeichnet mit *F* und *N*. Die Anordnung des Kalenders stand unter den *pontifices* und wurde von ihnen geheim gehalten, bis er von Cn. Flavius 304 v. Chr. bekannt gemacht wurde.

2. *qui consulebantur*, was damals nur die Pontifices waren, die Bewahrer der geistlichen Wissenschaft und Rechtstraditionen.

3. *a Chaldaeis*, d. i. Sterndeutern, Wahrsagern, mit besonderer Beziehung auf die *dies atri*, die auch im Kalender standen.

petebantur 'erholt wurden', d. h. man liess sie von ihnen sich sagen.

Cn. Flavius. Livius 9, 46, 1 *Eodem anno Cn. Flavius Cn. filius scriba, patre libertino humili fortuna ortus, ceterum callidus vir et facundus, aedilis curulis fuit Civile ius repositum in penetralibus pontificum evulgavit fastosque circa forum in albo proposuit, ut quando lege agi posset, sciretur.* Wie Plinius Nat. hist. 33, 1, § 17 mittheilt, hatte er als scriba des Appius Caecus auf dessen Ermahnung die Gerichtstage ausgekundet (*exceperat*), was ihm durch fleissiges Nachfragen und eigene Combinationsgabe gelang.

4. *cornicum oculos confixerit* 'den Krähen die Augen aushacken' sprüchwörtlich für 'selbst die Vorsichtigsten täuschen'; vgl. p. Flacco § 46: *hic hercule cornici oculum, ut dicitur: nam hunc Hermippum, hominem eruditum, civem suum, cui debebat esse notissimus, percussit. diebus* ist Dativ.

5. *ab ipsis capsis*, worin sie ihre Rechtsregeln und Formeln verwahrt hatten. Vgl. Cic. div. in Caecil. § 51: *mihi quam multis custodibus opus erit, si te semel ad meas capsas admisero?* Cn. Flavius hat nicht blos die fasti bekannt gemacht, sondern auch die *legis actiones*, d. h. er verfasste ein juristisches Werk, in welchem er die vordem keinem uneingeweihten Auge zugänglichen Formeln und symbolischen Handlungen, nach denen eine Klage einzuleiten war, zusammenstellte (das sog. *ius Flavianum*); s. oben bei Livius: *civile ius repositum in penetralibus pontificum evulgavit.*

6. *dierum ratione*, im Sinne des späteren *rationarium* 'Verzeichniss der Tage'.

7. *verba* 'Formeln'. Witzig schreibt der Redner die Erfindung dieser Formeln, die längst bestanden und ebenso ein Geheimniss der Pontifices waren wie der Kalender, einer Rache der Juristen wegen des Verrathes des Flavius zu.

8. *interessent* 'die Hand im Spiele hätten'

9. *bellissime* 'ganz schön, artig',

meus est:' 'immo meus', deinde iudicium: noluerunt. fundus, inquit, qui est in agro, qui Sabinus vocatur. Satis verbose: cedo, quid postea? eum ego ex iure Quiritium meum esse aio. Quid tum? inde ibi ego te ex iure manum consertum voco. Quid huic tam loquaciter litigioso re- 5 sponderet ille, unde petebatur, non habebat. Transit idem iuris consultus, tibicinis Latini modo: Unde tu me, inquit, ex iure manum consertum vocasti, inde ibi ego te revoco.

aus der Umgangssprache, aus welcher *bellus* (nicht *pulcher*) in die romanischen Sprachen (*bello*, *beau*) übergegangen ist.

fundus. Cic. gibt als Beispiel die Formeln bei einem Vindicationsprocess an.

1. *noluerunt*, sc. iuris consulti.

4. *inde* etc. 'von daher (aus diesem Grunde) rufe ich dich auf um dort mit mir handgemein zu werden'. Die Parteien giengen neml. in den ältesten Zeiten mit dem Praetor nach dem Grundstücke und nahmen dort die gegenseitige Vindication vor. Mit der Ausdehnung des römischen Gebiets trat an die Stelle dieses Actes die Sitte, dass die Parteien, nachdem sie vor dem Praetor (*in iure*) gestanden waren, ohne dessen Begleitung eine Scholle vom Grundstück holten (*vindicias sumere*) und dann den Streit vor dem Prätor vornahmen. Endlich brachten die Parteien die Scholle von vorncherein bereits mit und legten sie ausser dem Tribunal nieder, worauf sie vom Praetor aufgefordert wurden nach dem Grundstück zu gehn und nun die Scholle sogleich herbeibrachten, um an ihr die symbolische Vindication zu vollziehen; vgl. Gellius Noct. att. XX, 10, 19: *Postquam praetores propagatis finibus proficisci vindiciarum dicendarum causa ad longinquas res gravabantur, institutum est contra XII tabulas tacito consensu, ut litigatores non in iure apud praetorem manum consertum vocarent, id est alter alterum ex iure ad conseren-*

dam manum in rem, de qua ageretur, vocaret, atque profecti simul in agrum, de quo litigabatur, terrae aliquid ex eo, uti unam glaebam, in ius in urbem ad praetorem deferrent et in ea glaeba tamquam in toto agro vindicarent.

ex iure heisst nicht 'nach dem Rechte', sondern im Gegensatz von *in iure* (s. zu S. 37, 10) 'vom Praetor weg' = ex eo loco, ubi praetor ius dicit, wie aus der so eben angeführten Stelle des Gellius erhellt.

6. *ille unde petebatur* sc. fundus; unser 'der Beklagte'.

transit auf die Seite des Beklagten, um den Souffleur zu machen, weil dieser, wie der Redner launig schildert, über dem Wortschwall ganz verdutzt stand.

7. *tibicinis L. modo*; denn diese unterstützten die Action des Schauspielers mit ihrem Instrument, indem sie von dem einen zum andern traten; vgl. Val. Max. 2, 4, 4: *Livius* (Andronicus), *sui operis actor, cum saepius a populo revocatus vocem obtudisset, adhibito pueri et tibicinis concentu gesticulationem tacitus peregit.*

Latini. Die tibicines, die ein Collegium bildeten, waren nicht römische Bürger, sondern Latiner, wie die Erzählung bei Livius 9, 30 zeigt, in ähnlicher Weise, wie alle Haruspices aus Etrurien waren.

unde, 'von wannen, dieweil'

8. *revoco* 'rufe entgegen, rufe dich meinerseits'.

Praetor interea ne pulchrum se ac beatum putaret atque aliquid
ipse sua sponte loqueretur, ei quoque carmen compositum est,
cum ceteris rebus absurdum, tum vero in illo: suis utrisque
superstitibus praesentibus istam viam dico; ite
5 viam. Praesto aderat sapiens ille, qui inire viam doceret re-
dite viam: eodem duce redibant. Haec iam tum apud illos
barbatos ridicula, credo, videbantur, homines, cum recte atque in loco constitissent, iuberi abire, ut, unde abissent, eodem statim redirent. Isdem ineptiis fucata sunt illa omnia:
10 quando te in iure conspicio, et haec: annetu dicas,
qua ex causa vindicaveris? Quae dum erant occulta,
necessario ab eis, qui ea tenebant, petebantur; postea vero

1. *pulchrum*, wenig verschieden
von *beatum*, gleichfalls aus der
Volkssprache, wie es scheint; s.
Cic. de nat deor. I, § 114: *pro-
pone ante oculos deum nihil aliud
in omni aeternitate nisi 'mihi pul-
chre est' et 'ego beatus sum' cogitantem.* Wir sagen: 'damit er sich
nicht allzu behaglich fühle'
atque, ungewöhnlich für *aut*.
2. *carmen* 'Spruch, Formel'
3. *utrisque* ist Dativ.

4. *superstitibus* = testibus; s.
Festus p. 305 M: '*Superstites*' testes *praesentes significat, cuius rei
testimonium est, quod superstitibus
praesentibus ii, inter quos controversia est, vindicias sumere iuben-
tur.* Nach dieser Stelle und nach
Servius, der zu Verg. Aen. III, 339
bemerkt: '*superstes*' *praesentem
significat, ut Cicero in Mureniana
'suis utrisque superstitibus' i. e.
praesentibus,* möchte man annehmen,
dass *praesentibus* als Glossem zu
superstitibus in den Text gerathen
sei.

istam viam, nach dem Grundstück,
beziehungsweise um die Scholle zu
holen.

7. *barbatos.* Die Sitte des Bart-
scheerens wurde erst 300 v. Ch. von
Sicilien nach Italien eingeführt.

10. *in iure* 'vor Gericht' Der
Ort neml., wo der Magistratus eine

Rechtshandlung vornahm, hiess *ius*,
und alles was von ihm oder vor ihm
gethan wurde, hiess *in iure* gethan. Vgl. Paulus ad Sabinum (Dig.
I. 2, § 11): *alia significatione ius
dicitur locus, in quo ius redditur,
appellatione collata ab eo, quod fit,
in eo, ubi fit, quem locum determi-
nare hoc modo possumus: ubicum-
que praetor salva maiestate imperii
salvoque more maiorum ius dicere
constituit, is locus recte ius appel-
latur.* — Die vollständige Formel
heisst nach Valerius Probus *de notis* (Gramm. Lat. ed. Keil IV, 274):
*quando in iure te conspicio, postulo
anne fuas auctor,* d. h. ob du für
die Sache einstehst, dein Eigen-
thumsrecht erweisen willst.

anne du dicas, ebenfalls eine Formel aus dem Vindicationsverfahren.
Nachdem neml. der Scheinstreit
vor sich gegangen war, indem
zuerst der Petitor, dann der Gegner die Sache als sein erklärt und
als Zeichen seines Rechtes mit der
festuca, einem Stäbchen, dem Sym-
bol der römischen Kriegswaffe
(*hasta*), berührt hatte, hiess der Prätor *rem* (oder *hominem*) *mittere,* die
Sache fahren lassen. Darauf fragte
is qui prior vindicaverat, also der
Petitor, seinen Gegner um den Grund
der vindicatio: *postulo anne dicas
qua ex causa vindicaveris,* s. Gaius
IV, 16.

pervulgata atque in manibus iactata et excussa inanissima
prudentiae reperta sunt, fraudis autem et stultitiae plenissima.
27 Nam cum permulta praeclare legibus essent constituta, ea
iure consultorum ingeniis pleraque corrupta ac depravata sunt.
Mulieres omnis propter infirmitatem consilii maiores in tutorum 5
potestate esse voluerunt: hi invenerunt genera tutorum, quae
potestate mulierum continerentur. Sacra interire illi noluerunt:

1. *in manibus iactata* 'nachdem
sie in den Händen hin und her be-
wegt', d. h. näher untersucht, *et excussa* 'und ausgebeutelt' waren, d.
h. ihr Gehalt geprüft und erkundet
war.

2. *fraudis*, weil, wer einen
Formfehler begieng, *causa cadebat*,
den Process verlor.

4. *iure consultorum*: die selte-
nere Form haben hier die Handschriften, hingegen §§ 25, 26 u. 28
iuris cons. Charisius I, p. 82 (Keil):
'*Iuris consultus*' *dici debet, non
'iure - consultus', licet Cicero pro
Murena ita dixerit.*

5. *mulieres omnis* etc. vgl. Gaius
I, 144: *veteres enim voluerunt feminas, etiam si perfectae aetatis
sint, propter animi levitatem in tutela esse.* Liv. ·34, 2, 11: *maiores
nostri nullam, ne privatam quidem,
rem agere feminas sine tutore auctore* (ohne dass der Vormund bei
einer Rechtshandlung mitwirkte)
*voluerunt, in manu esse parentum,
fratrum, virorum.*
p. infirmitatem consilii; dafür
sagt Gaius a. a. O. *propter animi
levitatem*, hingegen Ulpian. XI, 1
feminis (tutores constituuntur) *et
propter sexus infirmitatem et propter forensium rerum ignorantiam.*
Näheres bei Rein, das Privatrecht
und der Civilprocess der Römer
S. 536.

6. *hi*, die Juristen.
quae potest. mul. continerentur
'die von den Frauen abhiengen'
Das war in verschiedener Weise
möglich. Es konnte der Frau durch
das Testament ihres Ehegatten, in

dessen Gewalt (*manus*) sie war, das
Recht ertheilt werden sich einen
tutor zu wählen (s. Gaius I, 150-
154); natürlich wählte sie nur einen,
der ihr zu Gefallen war. An dieses
Verhältniss hat hier Cic. · wohl
schwerlich gedacht, sondern vielmehr an folgendes. Eine Frau
konnte des Tutors, welchen sie hatte,
sich dadurch entledigen, dass sie
(mit ihrem Manne oder einem Fremden) *coemptionem fiduciae causa fa-
ciebat* (s. zu S. 39, 1), d. h. sich demselben 'mancipierte mit der Auflage
(*sub fiducia*) sofortiger Freilassung
aus dem dadurch begründeten Ge-
waltsverhältniss (*manus*). Diese
Entlassung geschah wieder durch
Mancipation an eine beliebige dritte
Person und durch eine von dieser
vorgenommene sofortige Manumis-
sion. Nach der Freilassung trat
nun die Frau in die Tutel des Frei-
lassers. Ein solcher Tutor hiess
fiduciarius, weil ihm die Frau nur
sub fiducia manu mittendi manci-
piert worden war. Gaius I, 115: *si
qua velit quos habet tutores repo-
nere, ut alium nanciscatur, iis auctoribus coëmptionem facit; deinde
a coëmptionatore remancipata ei,
cui ipsa velit, et ab eo vindicta manu
missa incipit eum habere tutorem,
a quo manu missa est.*

7. *sacra* sc. privata, d. i. Opfer
und Festlichkeiten, die den Schutz-
gottheiten einer *familia* oder *gens*
geweiht waren. Die Verpflichtung
sie fortzuführen gieng auf die Erben
über, s. Cic. de legg. II, § 48 f. Da
nun deren Besorgung mit grossen
Kosten verbunden war, suchte man

horum ingenio senes ad coëmptiones faciendas interimendorum
sacrorum causa reperti sunt. In omni denique iure civili aequi-
tatem reliquerunt, verba ipsa tenuerunt, ut, quia in alicuius libris
exempli causa id nomen invenerant, putarunt, omnes mulieres,
5 quae coëmptionem facerent, Gaias vocari. Iam illud mihi quidem mirum videri solet, tot homines tam ingeniosos post tot
annos etiam nunc statuere non potuisse, utrum d i e m t e r t i u m

in einer Zeit, wo die Achtung vor
dem alten Cultus geschwunden war,
auf verschiedene Weise sich ihrer
zu entledigen, Frauen dadurch, dass
sie mit einem kinder- und vermögen-
losen alten Manne eine coemptio
eingiengen. Dadurch kam ihr ganzes
Vermögen und die daran haftende
Verpflichtung an den *coemptionator*,
der nun die Frau nach Verabredung
sogleich wieder aus seiner Gewalt
liess und der entlassenen ihr Vermögen zurückerstattete. Die *sacra*
aber behielt er gegen ausgemachte
Entschädigung von Seite der Frau
bis zu seinem Tode, bei dessen Eintritt sie für immer erloschen (*inter-
ierunt*), wenn er weder Vermögen
noch Kinder besass.

1. *ad coëmptiones faciendas*, 'um
einen Zusammenkauf einzugehn',
so genannt, weil die Form der *mancipatio* ein symbolischer Kauf war;
s. Gaius I, § 113: *coëmptione in
manum conveniunt* (mulieres) *per
mancipationem, i. e. per quandam
imaginariam venditionem, adhibitis
non minus quam quinque testibus
civibus Romanis puberibus, item
libripende* (s. zu p. 19, 17), *asse* (um
ein As) *emente mulierem eo, cuius
in manum convenit. Potest autem
coëmptionem facere mulier non solum cum marito suo, sed etiam cum
extraneo, unde aut m a t r i m o n i i
c a u s a facta coëmptio dicitur aut
f i d u c i a e c a u s a : quae enim cum
marito suo facit coëmptionem, ut
apud eum filiae loco sit, dicitur ma-
trimonii causa fecisse coëmptionem :
quae vero alterius rei causa facit
coëmptionem cum viro suo aut cum*

*extraneo, velut t u t e l a e e v i t a n -
d a e causa, dicitur fiduciae causa
fecisse coëmptionem.*

3. *in alicuius libris*, der die bei
einer Coemptio übliche Ceremonien
zusammengestellt hatte.

4. *exempli causa* wird in der gu-
ten Latinität nur in vollständigen
Sätzen, und zwar bes. in Verbindung mit *adferre, proferre, nominare* etc. gebraucht, so hier 'um
einen beliebigen Namen als Beispiel
zu gebrauchen' Unser 'z. B.' heisst
im Lat. *ut* oder *velut*, wie sogleich
Z. 3. Vgl. zur or. p. Rosc. Am. § 27.

5. *Gaias vocari.* Zu den Hoch-
zeitsgebräuchen bei der strengeren
Form der Ehe, durch welche die
Frau in die *manus* des Gatten kam,
gehörte auch dass der Bräutigam
an die Braut, ehe sie die Schwelle
des neuen Hauses überschritt, die
Frage stellte, wie sie heisse (s. liber de praenom. a. E. bei Valer.
Max.), worauf sie antwortete: *quando tu Gaius, ego Gaia* (so nach
Mommsen, Röm. Forschungen I, 11),
d. h. dieweil du Gaius, so heisse ich
Gaia, mit welcher Formel sie den
förmlichen Uebertritt in die gens
des Mannes erklärte und *filiae loco*
wurde, d. h. in ein der Tochter ähn-
liches Verhältniss trat, so dass der
Mann eine Art von patria potestas
über sie erhielt.

7. *statuere non potuisse.* Cic.
spottet darüber, dass die Juristen
sich in gewissen Formeln, um Chi-
kanen der Gegenpartei vorzubeu-
gen, doppelter Bezeichnungen einer
Sache bedienten. So hiess es *in
vadimoniis constituendis* nach Pro-

an p e r e n d i n u m, i u d i c e m an a r b i t r u m, r e m an l i t e m dici
28 oporteret. **13.** Itaque, ut dixi, dignitas in ista scientia [consula-
ris] numquam fuit, quae tota ex rebus fictis commenticiisque
constaret, gratia vero multo etiam minus. Quod enim omnibus
patet et aeque promptum est mihi et adversario meo, id esse 5
gratum nullo pacto potest. Itaque non modo beneficii collocandi
spem, sed etiam illud, quod aliquamdiu fuit, 'l i c e t c o n s u l e r e?'
iam perdidistis. Sapiens existimari nemo potest in ea prudentia,
quae neque extra Romam usquam neque Romae rebus prolatis
quidquam valet; peritus ideo nemo haberi potest, quod in eo, quod 10
sciunt omnes, nullo modo possunt inter se discrepare; difficilis
autem res ideo non putatur, quod et perpaucis et minime ob-
scuris litteris contineatur. Itaque, si mihi homini vehementer oc-

bus (Gr. lat. IV, 274) *in diem ter-
tium sive perendinum*, und eben-
daselbst in einer anderen Formel:
*te, praetor, iudicem arbitrumve
postulo uti des*, und bei Varro de
lingua lat. VII, § 93: *quibus res
erat in controversia, ea vocabatur
lis; ideo in actionibus videmus dici:
quam rem sive litem dicere oportet.*
1. *iudicem an arbitrum.* Arbi-
ter war entweder der ohne Zuzie-
hung eines Magistrats genommene
Schiedsrichter oder der vom Magistrate eingesetzte Richter (*iudex*
im technischen Sinn), wenn die ihm
vom Magistrat ertheilte Formel
einen weiteren Spielraum gewährte.
Daher die Eintheilung der iudicia
privata in *iudicia* im engeren Sinne
und in *arbitria*, erstere die strengeren Processe, letztere die milderen
oder freien. Als *iudex* in diesem
Sinne ist immer ein Einzelnrichter
zu denken, den der Praetor in einer
causa privata bestellte.
2. *consularis* ist wahrscheinlich,
wie schon der Gegensatz *gratia* zu
dignitas zeigt, ein Glossem; auch
oben § 25 sagt Cic. nur: *primum
dignitas in tam tenui scientia non
potest esse.*
5. *promptum* 'zugänglich'
6. für *itaque*, das eben voraus-
gieng (Z. 2) vielleicht richtiger *atque*,
wie M u t h e r vorschlug.

7. *licet consulere?* womit Cic.
glauben machen will, dass *enuntiatis iuris consultorum mysteriis* der
frühere Zudrang um Rechtsbescheide
bedeutend nachgelassen habe.
8. *in ea prudentia* 'bei, im Bereich einer solchen Kenntniss'; zu
prudentia vgl. Nep. Cim. 2: *habebat
(Cimon) magnam prudentiam cum
iuris civilis tum rei militaris.*
9. *rebus prolatis*, d. h. bei Eintritt von Gerichtsstillstand, sei es
wegen der Gerichtsferien oder aus
anderen Gründen, wie z. B. in Zeiten der Noth und Gefahr etc.
10. *peritus*, wozu *in ea prudentia*
herabzudenken ist, 'als besonders
kundig, erfahren'.
11. *difficilis*, s. Cic. de orat. I,
§ 192: *omnia sunt enim* (in iure
civili) *posita ante oculos, collocata
in usu cotidiano, in congressione
hominum atque in foro, neque ita
multis litteris aut voluminibus continentur: eadem enim sunt elata
primum a pluribus, deinde paucis
verbis commutatis etiam ab eisdem
scriptoribus scripta sunt saepius.*
12. *perpaucis litteris* (= libris).
Cic. spricht vom Privatrecht, welches damals nur in den zwölf Ta-
feln, einigen wenigen Gesetzen und
den prätorischen Edikten nieder-
gelegt war, wozu noch die Kenntniss
der erwähnten Formeln nöthig war.

cupato stomachum moveritis, triduo me iuris consultum esse
profitebor. Etenim quae de scripto aguntur, scripta sunt omnia,
neque tamen quidquam tam anguste scriptum est, quo ego non
possim ʿqua de re agitur' addere: quae consuluntur autem,
5 minimo periculo respondentur. Si id, quod oportet, responderis,
idem videare respondisse, quod Servius, sin aliter, etiam contro-
versum ius nosse et tractare videare.

Quapropter non solum illa gloria militaris vestris formulis 29
atque actionibus anteponenda est, verum etiam dicendi consue-
10 tudo longe et multum isti vestrae exercitationi ad honorem an-
tecellit. Itaque mihi videntur plerique initio multo hoc maluisse,
post, cum id adsequi non potuissent, istuc potissimum sunt de-
lapsi. Ut aiunt in Graecis artificibus eos auloedos esse, qui citharoedi fieri non potuerint, sic apud nos videmus, qui oratores
15 evadere non potuerint, eos ad iuris studium devenire. Magnus
dicendi labor, magna res, magna dignitas, summa autem gratia:

1. *triduo — profitebor*, d. h.
ich werde es in drei Tagen so weit
bringen, dass ich mich für einen
Rechtsgelehrten erklären kann. A.
Gellius erwähnt eine Schrift des
Cicero *de iure civili in artem redigendo*.

2. *quae de scripto aguntur* etc.
Sachen, die nach einem Concept vor
Gericht vorgetragen werden, sind
alle schon von früheren Rechtsge-
lehrten schriftlich behandelt und in
Büchern zusammengestellt.

3. *tam anguste* ʿso eng'.

4. *qua de re agitur:* Spott auf
den häufigen Gebrauch dieser Wendung in juristischen Klagformeln;
vgl. Cic. Top. § 95: *quae ex statu
contentio efficitur, eam Graeci* κρι-
νόμενον *vocant; mihi placet id,
quoniam ad te* (an den Juristen Tre-
batius) *scribo, ʿqua de re agitur'
vocari;* Brutus § 275: ʿ*qua de re
agitur'* autem illud, *quod multis
in locis iuris consultorum includi-
tur formulis, id ubi esset videbat,*
d. h. er wusste leicht den Angel-
punkt einer Sache zu finden.

quae consuluntur ʿworüber münd-
liches Gutachten erholt wird'; *respondentur* ʿwird beschieden'.

8. *formulis* ʿWortformeln', von

der Fassung, in welcher eine Klage
einzubringen war, *actionibus* ʿKla-
geordnungen'; vgl. p. Rosc. comoe-
do § 24: *sunt iura, sunt formulae
de omnibus rebus constitutae, ne
quis aut in genere iniuriae aut in
ratione actionis errare possit. Ex-
pressae sunt enim ex unius cuiusque damno, dolore, incommodo, calamitate, iniuria publicae a praetore
formulae, ad quas privata lis ac-
commodatur.*

10. *ad* ʿin Bezug auf'.

12. *istuc*, ad ius civile, mit Anspielung auf Sulpicius selbst; s. Cic.
Brut. § 151: *Non facile quem dixerim plus studii quam illum* (Ser.
Sulpicium) *et ad dicendum et ad
omnes bonarum rerum disciplinas
adhibuisse. Nam et in isdem exer-
citationibus ineunte aetate fuimus,
et postea Rhodum ille etiam profectus est et inde ut rediit, videtur
mihi in secunda arte* (in iure civili)
*primus esse maluisse quam in pri-
ma* (in eloquentia) *secundus.*

13. *citharoedi*, die mit der Kunst
des Citherspiels die noch schwieri-
gere des Gesanges verbanden.

16. *res* ʿAufgabe', wenn nicht mit
Bake *ars* zu lesen ist.

etenim a vobis salubritas - quaedam, ab iis, qui dicunt, salus ipsa
petitur. Deinde vestra responsa atque decreta et evertuntur saepe dicendo et sine defensione oratoris firma esse non possunt.
In qua si satis profecissem, parcius de eius laude dicerem: nunc
nihil de me dico, sed de iis, qui in dicendo magni sunt aut
fuerunt.

30　　**14.** Duae sunt artes, quae possunt locare homines in am-
plissimo gradu dignitatis: una imperatoris, altera oratoris boni;
ab hoc enim pacis ornamenta retinentur, ab illo belli pericula re-
pelluntur. Ceterae autem virtutes ipsae per se multum valent,
iustitia, fides, pudor, temperantia, quibus te, Servi, excellere
omnes intellegunt, sed nunc de studiis ad honorem adpositis,
non de insita cuiusque virtute disputo. Omnia ista nobis studia
de manibus excutiuntur, simulatque aliquo motu novo bellicum
canere coepit. Etenim, ut ait ingeniosus poëta et auctor valde
bonus, proeliis promulgatis p e l l i t u r e m e d i o non solum ista
vestra verbosa simulatio prudentiae, sed etiam ipsa illa domina
rerum, s a p i e n t i a: v i g e r i t u r r e s, s p e r n i t u r o r a t o r, non
solum odiosus in dicendo ac loquax, verum etiam b o n u s: h o r -

---

1. *salubritas quaedam*, ein ge-
wisses Mass von Heilkräftigkeit.

4. *in qua*, eine Constructio ad
synesin; denn wenn sich auch das
Relativ auf *defensione oratoris* bezieht, so ist doch daraus der allgemeinere Begriff *ars dicendi* zu entnehmen. E r n e s t i wollte *in quo* sc.
dicendo schreiben; man könnte auch
an den Ausfall von *re* oder *arte*
denken.

nunc 'so aber'.

9. *pacis ornamenta*, was zur
Würde des Staates im Frieden
dient, hier mit besonderer Beziehung
auf die Wirksamkeit des Redners
im Senat.

retinentur == conservantur.

10. *ceterae multum valent* steht con-
cessiv zu *sed*: sie haben allerdings
einen hohen Werth, indes etc.

11. *pudor* 'Ehrgefühl'..

12. *ad honorem appositis* == ap-
tis, idoneis, wofern die Lesart richtig und nicht in der fehlerhaften
Ueberlieferung *dispositis* ein Glos-

sem zu erkennen ist; vgl. § 41 *egregia et ad consulatum apta provincia*.

15. *poëta*, Q. Ennius.

auctor valde bonus 'ganz verläs-
siger Gewährsmann', auf den man
sich mit bestem Fuge berufen kann.

16. *proeliis promulgatis*, eine
dichterische Phrase, daher ohne
Zweifel aus der Stelle des Ennius,
auf die hier Cic. anspielt, entlehnt.

pellitur e medio: die Stelle ist
aus dem 8. Buche von Ennius Anna-
len, aus dem Gellius XX, 10 folgende
6 Verse aufführt: *Pellitur e medio
sapientia, vi geritur res, Spernitur
orator bonus, horridus miles amatur. Haud doctis dietis certantes,
sed maledictis Miscent inter sese
inimicitias agitantes. Non ex iure
manum consertum, sed magi' ferro
Rem repetunt regnumque petunt,
vadunt solida vi.*

17. *simulatio prudentiae* 'Schein-
klugheit'

18. *sapientia*, d. i. hier die Be-
redsamkeit, die in allen *res publicae*
die Hauptentscheidung führt.

ridus miles amatur, vestrum vero studium totum iacet. Non
ex iure manum consertum, sed ferro, inquit, rem repetunt. Quod si ita est, cedat, opinor, Sulpici, forum castris, •
otium militiae, stilus gladio, umbra soli: sit denique in civitate
5 ea prima ars, propter quam ipsa est civitas omnium princeps.

Verum haec Cato nimium nos nostris verbis magna facere 31
demonstrat et oblitos esse bellum illud omne Mithridaticum cum
mulierculis esse gestum. Quod ego longe secus existimo, iudices,
deque eo pauca disseram; neque enim causa in hoc continetur.
10 Nam si omnia bella, quae cum Graecis gessimus, contemnenda
sunt, derideatur de rege Pyrrho triumphus M'. Curii, de Philippo
T. Flaminini, de Aetolis M. Fulvii, de rege Perse L. Paulli, de
Pseudophilippo Q. Metelli, de Corinthiis L. Mummii: sin haec
bella gravissima victoriaeque eorum bellorum clarissimae fue-
15 runt, cur Asiaticae nationes atque ille a te hostis contemnitur?
Atqui ex veterum rerum monumentis vel maximum bellum populum Romanum cum rege Antiocho gessisse video: cuius belli victor
L. Scipio aequa parta cum Publio fratre gloria, quam laudem ille
Africa oppressa cognomine ipso prae se ferebat, eandem hic sibi
20 ex Asiae nomine adsumpsit. Quo quidem in bello virtus enituit 32

1. *vero* 'vollends'
2. *ex iure:* über die Bedeutung
s. zu S. 36. 4, wenn auch der Dichter im Gegensatz zu *ferro* sich
hier mag erlaubt haben, der festste-
henden Formel in poetischer Licenz
einen anderen Sinn unterzulegen.
consertum sc. vocant ad rem re-
petendam.
4. *umbra soli,* d. h. eine *vita
umbratilis,* das zurückgezogene
Studienleben eines Rechtsgelehrten,
dem Leben des Kriegers im Staub
und in der Sonnengluth.
5. *propter quam* 'der es zu ver-
danken ist dass'.
8. *mulierculis* 'schwachen Weibern'.
10. *nam* bezieht sich auf *quod
ego longe secus existimo.*
11. *triumphus M' Curii,* im J.
275 (*de Samnitibus et rege Pyrrho*)
nach der Schlacht bei Beneventum,
T. (*Quinctii*) *Flaminini* 194 nach dem
Siege bei Kynoskephalae (197), *M.
Fulvii* (*Nobilioris*) 188 (*de Aetolis
et Cephallenia*), *L.* (*Aemilii*) *Paulli*

167, nach der Schlacht bei Pydna
168, *Q.* (*Caecilii*) *Metelli* 146 (*ex
Macedonia de Andrisco Pseudophilippo*), *L. Mummii* 145 (*de Achaeis
et Corinthiis*) nach der Eroberung
von Korinth 146.
15. *Asiaticae nationes:* es ist besonders an Kleinasien zu denken,
wo die griechische Sprache die
vorherrschende war. Sonst wäre
die Folgerung aus den Siegen über
Griechen unlogisch.
ille hostis, Mithridates.
contemnitur, über den Singularis
s. zu S. 27, 6.
16. *veterum rerum* 'der alten
Geschichte'
18. *L. Scipio* Asiaticus; dass der
eigentliche Sieger sein Bruder, der
ältere Africanus, war, ist aus der
Geschichte bekannt; s. Momms. R.
G. I, 734 (3).
19. *prae se ferebat* 'zur Schau
trug, erkennen liess'
hic, die Wiederaufnahme des
Subjects durch den Gegensatz bedingt.

egregia M. Catonis, proavi tui: quo ille, cum esset, ut ego mihi
statuo, talis, qualem te esse video, numquam esset profectus, si
cum mulierculis bellandum arbitraretur. Neque vero cum P. Afri-
cano senatus egisset, ut legatus fratri proficisceretur, cum ipse
paulo ante Hannibale ex Italia expulso, ex Africa eiecto, Cartha- 5
gine oppressa, maximis periculis rem publicam liberasset, nisi
illud grave bellum et vehemens putaretur. 15. Atqui si diligenter, quid Mithridates potuerit et quid effecerit et qui vir fuerit,
consideraris, omnibus regibus, quibuscum populus Romanus bellum gessit, hunc antepones: quem L. Sulla, maximo et fortissimo 10
exercitu, pugnax et acer et non rudis imperator, ut aliud nihil
dicam, cum bellum invexisset totam in Asiam, cum pace dimisit:
quem L. Murena, pater huiusce, vehementissime vigilantissime-
que vexatum, repressum magna ex parte, non oppressum reliquit:
qui rex, sibi aliquot annis sumptis ad confirmandas rationes et 15

1. *M. Catonis*, der gegen Antio-
chus unter M'. Acilius Glabrio als
Kriegstribun diente und sich in der
Schlacht an den Thermopylen 191
auszeichnete; s. Mommsen R. G. I,
729 f. (3).

mihi statuo 'ihn mir denke, vor-
stelle'; *talis* 'von solchem Charakter',
ein feines Compliment gegen den
anwesenden Cato Uticensis.

2. über das Imperfect *si arbitraretur* und nachher *nisi putaretur*
s. Madv. § 347 b, A. 2.

3. *neque vero* 'auch gewiss nicht'·

4. *senatus egisset*: etwas anders
stellt Cic. die Sache dar or. Phil.
XI, § 17: *Extraordinarium imperium
populare ac ventosum est, minime
nostrae gravitatis, minime huius
ordinis. Bello Antiochino magno et
gravi, cum L. Scipioni provincia
Asia obvenisset parumque in eo
putaretur esse animi, parum roboris,
senatusque ad collegam cius, C.
Laelium, negotium deferret, surrexit
P. Africanus, frater maior L. Sci-
pionis, et illam ignominiam a familia
deprecatus est, dixitque et in fratre
suo summam virtutem esse summum-
que consilium, neque se ei legatum,
id aetatis iisque rebus gestis, defu-*

turum. Vgl. damit die abweichende
Darstellung bei Livius 37, 1.

fratri: so regelmässig mit Dativ,
weil man sagte *alicui legari*, einem
als Legat beigegeben werden.

5. *Hannibale expulso — eiecto*,
mit rhetorischer Uebertreibung, indem Scipio's Landung in Africa
Hannibals Zurückberufung aus Italien
veranlasst hatte. Der erst im J.
195 verlangten Auslieferung an die
römischen Gesandten entzog sich
H. durch Flucht.

11. *pugnax et acer*, wie auch der
Feldherr Marcellus bei Cic. (de Rep.
fr. V, § 10) *acer et pugnax* heisst.

12. *eum pace dimisit.* Mithridates
musste im Frieden zwar seine Er-
oberungen abtreten, verblieb aber
in seinem Besitzstand vor dem
Kriege, s. Momms. R. G. II, 302 f. (3)

13. *L. Murena*, Einl. § 2. Seine
geringen Erfolge weiss der Redner
aus Rücksicht auf den Sohn geschickt
zu verdecken; vgl. Momms. II, 338.

15. *aliquot annis*, neml. sieben.

rationes et copias, wofür es a. E.
des Cap. *opibus copiisque* heisst.
Auch mit *rationes* scheinen die
materiellen Mittel zum Krieg (abge-
leitet von dem Begriffe 'Berechnun-
gen') bezeichnet zu sein.

copias belli, tantum spe conatuque valuit, ut se Oceanum cum
Ponto, Sertorii copias cum suis coniuncturum putaret. Ad quod 33
bellum duobus consulibus ita missis, ut alter Mithridatem per-
sequeretur, alter Bithyniam tueretur, alterius res, et terra et mari
5 calamitosae, vehementer opes regis et nomen auxerunt; L. Luculli vero res tantae exstiterunt, ut neque maius bellum comme-
morari possit neque maiore consilio et virtute gestum. Nam cum
totius impetus belli ad Cyzicenorum moenia constitisset eamque
urbem sibi Mithridates Asiae ianuam fore putasset, qua effracta
10 et revulsa tota pateret provincia, ita perfecta ab Lucullo haec
sunt omnia, ut et urbs fidelissimorum sociorum defenderetur et
omnes copiae regis diuturnitate obsessionis consumerentur.
Quid? illam pugnam navalem ad Tenedum, cum contento cursu,
acerrimis ducibus, hostium classis Italiam spe atque animis in-
15 flata peteret, mediocri certamine et parva dimicatione commissam
arbitraris? Mitto proelia, praetereo oppugnationes oppidorum:
expulsus regno tandem aliquando tantum tamen consilio atque
auctoritate valuit, ut se rege Armeniorum adiuncto novis opibus

---

1. *spe conatuque valuit* 'erstarkte',
von *valescere* abzuleiten; er erhob
sich zu so hoher Hoffnung und
kühnem Unternehmungsgeist.

Oceanum cum Ponto erklärt sich
durch die folgenden Worte, die
freilich etwas matt nachhinken,
weshalb sie ein Gelehrter als ein
Glossem ausscheiden wollte. Ueber
die Verbindungen zwischen Mithr.
und Sertorius s. Momms. R. G. III,
32 (3).

3. *duobus consulibus*, L. Licinius
Lucullus und M. Aurelius Cotta.
Ersterer sollte als Statthalter von
Asien und Cilicien durch Phrygien
in Pontus eindringen, Cotta Vorder-
asien und Bithynien decken, s.
Mommsen III, 51.

ita 'mit der Bestimmung'.

4. *et terra et mari*, bei Chalce-
don, s. Mommsen III, 53.

8. *impetus* 'Anprall, Wucht'
constitisset 'sich gesetzt, con-
centriert hatte', im Gegensatz von
Bewegungen im Felde. Verschieden
bei Liv. 21, 49, 1: *cum ad Trebiam
terrestre constitisset bellum* 'zum

Stehen, zur Ruhe gekommen war',
ib. 22, 32, 4: *cum ad Geroniam
iam hieme impediente constitisset
bellum*; s. Weissenborn zu Liv. 35,
4, 1. Zur Sache vgl. Momms. R. G.
III, 53 f.

11. *defenderetur*, hier = *servaretur*,
wie Liv. 26, 27, 4: *aedis Vestae
vix defensa est tredecim maxime
servorum opera*.

13. *quid?* s. Zumpt § 769.
ad Tenedum, Momms. R. G. 3, 55.

14. *acerrimis ducibus*, wofür es
in der or. de imp. Pomp. § 21
heisst *ducibus Sertorianis*.

spe atque animis: es gieng die
Rede, die von Sertorianischen Füh-
rern commandierte Flotte des Mithr.
beabsichtige den Bürgerkrieg in
Italien zu erneuern.

16. *mitto*, so gewöhnlich bei der
Figur der *praeteritio*.

17. *expulsus regno*: das Subject
Mithridates ist nicht beigesetzt,
weil die Persönlichkeit durch das
Prädicat hinlänglich angedeutet ist.

18. *rege Armeniorum*, Tigranes,
Mithridates' Schwiegersohn.

copiisque recrearit. **16.** Ac si mihi nunc de rebus gestis esset
nostri exercitus imperatorisque dicendum, plurima et maxima
34 proelia commemorare possem, sed non id agimus. Hoc dico: si
bellum hoc, si hic hostis, si ille rex contemnendus fuisset, neque
tanta cura senatus et populus Romanus suscipiendum putasset, 5
neque tot annos gessisset tanta gloria L. Lucullus, neque vero
eius belli conficiendi negotium tanto studio populus Romanus
ad Cn. Pompeium detulisset. Cuius ex omnibus pugnis, quae
sunt innumerabiles, vel acerrima mihi videtur illa, quae cum rege
commissa est et summa contentione pugnata. Qua ex pugna 10
cum se ille eripuisset et Bosporum confugisset, quo exercitus
adire non posset, etiam in extrema fortuna et fuga nomen tamen
retinuit regium. Itaque ipse Pompeius, regno possesso, ex omnibus oris ac notis sedibus hoste pulso, [tamen] tantum in unius
anima posuit, ut, cum omnia, quae ille tenuerat, adierat, spera- 15
rat, victoria possideret, tamen non ante, quam illum vita expulisset, bellum confectum iudicarit. Hunc tu hostem, Cato, con-
temnis, quocum per tot annos tot proeliis tot imperatores bella
gesserunt? cuius expulsi et eiecti vita tanti *a Pompeio* existimata

2. *maxima proelia*, besonders bei
Tigranocerta und Artaxata.

3. *hoc dico* 'nur so viele sag'
ich'; vgl. *tantum dicam* § 78.

4. *bellum hoc* und *hic hostis* sagt
Cic., weil, als er die Rede hielt,
Pompeius noch Kämpfe in Asien
hatte, hingegen *ille rex*, weil Mithr.
bereits todt war.

9. *cum rege*: hier scheint ein
Wort zu fehlen, entweder *ipso*
(nach Kayser), oder, wie Fr.
Richter vorschlägt, *cum rege nocte
commissa est*. Gemeint ist die
Schlacht bei Nikopolis, s. Momms.
R. G. 3, 119.

10. *pugnata*: dieser Graecismus
kommt bei lat. Prosaikern wohl
nur im Passiv vor (Nep. Hann. 5,
1: *hac pugna pugnata*), beim Dichter
Lucilius auch im Activ: *vicimus,
o socii, et magnam pugnavimu'
pugnam.*

qua ex pugna etc. Florus I, 40
(III, 5) § 24: *Et Mithridates quidem
nocte illa debellatus est; nihil enim
postea valuit, quamquam omnia*

*expertus more anguium, qui obtrito
capite postremum cauda minantur.
Quippe cum effugisset hostem Colchis
tenus, iungere Bosporon, inde per
Thracen Macedoniamque et Graeciam
transilire, sic Italiam necopinatus
invadere — tantum cogitavit. Sed
defectione civium Pharnacisque filii
scelere praeventus male temptatum
veneno spiritum ferro expulit.*

11. *Bosporum*, s. Madv. § 232 A. 4.

13. *regno possesso*, 'obwohl er
dessen Reich (Pontus) in Besitz
genommen hatte'.

15. *tenuerat*, sein Erbreich, *adierat*,
fremdes Land, bes. römische Be-
sitzungen in Asien, *sperarat*, die
Herrschaft über die Länder am
Kaukasus.

16. *vita expulisset* durch seinen
eigenen Sohn Pharnaces (Momms.
III, 127 f.), der für Auslieferung
des väterlichen Leichnams an Pompeius die Bestätigung der Herrschaft
im Bosporus erhielt. Der westliche
Theil des pontischen Reichs wurde
römische Provinz.

est, ut morte eius nuntiata denique bellum confectum arbitraretur. Hoc igitur in bello L. Murenam legatum fortissimi animi,
summi consilii, maximi laboris cognitum esse defendimus, et
hanc eius operam non minus ad consulatum adipiscendum quam
hanc nostram forensem industriam dignitatis habuisse.

17. ᶜAt enim in praeturae petitione prior renuntiatus est 35
Serviusᵓ. Pergitisne vos tamquam ex syngrapha agere cum populo,
ut, quem locum semel honoris cuipiam dederit, eundem in reli-
quis honoribus debeat? Quod enim fretum, quem euripum tot
motus, tantas, tam varias habere putatis agitationes commutatio-
nesque fluctuum, quantas perturbationes et quantos aestus habet
ratio comitiorum? Dies intermissus unus aut nox interposita
saepe et perturbat omnia et totam opinionem parva nonnumquam
commutat aura rumoris. Saepe etiam sine ulla aperta causa fit
aliud atque existimaris, ut nonnumquam ita factum esse etiam
populus admiretur, quasi vero non ipse fecerit. Nihil est incer- 6
tius vulgo, nihil obscurius voluntate hominum, nihil fallacius ratione tota comitiorum. Quis L. Philippum, summo ingenio
opera, gratia, nobilitate, a M. Herennio superari posse arbitratus
est? quis Q. Catulum, humanitate, sapientia, integritate antecel-

1. *nuntiata denique*, wir sagen
ᶜerst auf die Kundeᵓ.
3. *defendimus*, s. zu § 5.
6. *At enim*, s. Madv. § 437 c.
7. *pergitisne* in Anschluss an §
18; *tamquam ex syngrapha* ᶜals
hättet ihr einen schriftlichen Ver-
tragᵓ
8. *locum honoris*, Platz einer
Ehrenstelle, in Bezug auf die
Reihenfolge bei der Ausrufung in
den Comitien.
9. *fretum* — *euripum* ᶜMeerenge
— Sundᵓ. In engerem Sinne heisst
bekanntlich *fretum* das *fretum
Siculum*, und *euripus* der zwischen
Attika und Euboea.
10. *habere putatis* ᶜhat wohlᵓ, eine
der Formen, mit denen im Lat.
der griech. Optativ mit ἄν ausge-
drückt wird.
12. *ratio comitiorum* ᶜdas Comi-
tienwesen, der Verlauf von Wahl-
versammlungenᵓ, wenig verschieden
von *comitia*, vgl. § 4 *tempestatum
ratio*.

14. *commutat* sc. *dies aut nox;
parva aura* ist Ablativ.
aura ᶜLüftchen, leiser Hauchᵓ,
wie Verg. Aen. 7, 646 *ad nos vix
tenuis famae perlabitur aura*.
18. *L.* (*Marcium*) *Philippum* für
das J. 93; er wurde erst zwei
Jahre später Consul. Cic. Brutus
§ 166: *Eodem tempore M. Herennius
in mediocribus oratoribus Latine et
diligenter loquentibus numeratus est,
qui tamen summa nobilitate hominem,
cognatione, sodalitate, collegio, summa
etiam eloquentia, L. Philippum, in
consulatus petitione superavit.*
19. *opera* ᶜThätigkeitᵓ sc. in foro.
20. Q. (*Lutatium*) *Catulum*. Für
das J. 105 unterlag er dem unfähigen
Cn. Mallius Maximus, der sodann
von den Cimbern bei Arausio
(Orange) aufs Haupt geschlagen
wurde, s. Mommsen II, 179 (3).
Catulus wurde erst 102 Consul mit
Marius; als Proconsul wirkte er
101 entscheidend für den Sieg über
die Cimbern *in campis Raudiis*; s.

lentem, a Cn. Mallio? quis M. Scaurum, hominem gravissimum, civem egregium, fortissimum senatorem, a Q. Maximo? Non modo
horum nihil ita fore putatum est, sed ne cum esset factum quidem, qua re ita factum esset, intellegi potuit. Nam ut tempestates
saepe certo aliquo caeli signo commoventur, saepe improviso
nulla ex certa ratione obscura aliqua ex causa concitantur, sic in
hac comitiorum tempestate populari saepe intellegas, quo signo
commota sit, saepe ita obscura est, ut casu excitata esse videatur.
37 18. Sed tamen si est reddenda ratio, duae res vehementer in
praetura desideratae sunt, quae ambae in consulatu multum Murenae profuerunt : una, exspectatio muneris, quae et rumore nonnullo et studiis sermonibusque competitorum creverat, altera,
quod ii, quos in provincia ac legatione omnis et liberalitatis et
virtutis suae testis habuerat, nondum decesserant. Horum
utrumque ei fortuna ad consulatus petitionem reservavit. Nam
et L. Luculli exercitus, qui ad triumphum convenerat, idem

Momms. II, 187 ff. Vgl. p. Planc.
§ 12: *praeposuit* (populus) *Q. Catulo,
summa in familia nato, sapientissimo
et sanctissimo viro* Cn., *Mallium,
non solum ignobilem, verum etiam
sine virtute, sine ingenio, vita etiam
contempta ac sordida.*
humanitate 'Bildung'
1. *M. Scaurum,* s. zu § 16.
2. *a Q.* (*Fabio*) *Maximo,* mit dem
Beinamen *Eburnus,* Consul im J. 116.
3. *putatum est* 'hat man geglaubt',
d. h. erwartet, wie in der häufigen
Wendung *non putaram = non
exspectaveram.*
6. *obscura est* sc. tempestas
commota 'die Entstehung eines
Sturms' Bei dieser Erklärung
scheint es unnöthig mit Lambin
causa nach *obscura* einzusetzen.
9. *est reddenda ratio,* weshalb
Murena später als Sulpicius die
nöthige Stimmenmajorität bei den
prätorischen Comitien erhielt.
in praetura sc. petenda.
10. *desideratae sunt*: sind vermisst
worden und haben dadurch schäd-
lich eingewirkt.
11. *exspectatio muneris*: da Murena

die Aedilität nicht bekleidet hatte,
erwartete man, er werde als homo
privatus Spiele geben. Auf diese
Sitte bezog sich die Bestimmung
der lex Tullia de ambitu '*quae
dilucide vetat biennio, quo quis petat
petiturusve sit, gladiatores dare nisi
ex testamento praestituta die*', Cic.
in Vat. § 37.
rumore nonnullo 'durch starkes
Gerede'
12. *studiis* 'Parteieifer', indem
sich die Mitbewerber wohl manche
Spöttereien über die wahrscheinlich
illusorischen Hoffnungen des Volks
erlaubt hatten. Mit Beziehung darauf
heisst es sogleich *liberalitatis
suae testes.*
creverat 'sich gesteigert hatte'
13. *ac legatione* 'und als Legat',
rhetorische Häufung, indem bei *in
provincia* doch schwerlich an den
früheren Aufenthalt des Mur. in
Asien (Einl. § 3) gedacht werden kann.
14. *nondum decesserant*: durch
Intriguen wurde des Lucullus
Triumph, der schon im J. 66 aus
Asien zurückgekehrt war, bis auf
Cicero's Consulat hinausgezogen.

comitiis L. Murenae praesto fuit, et munus amplissimum, quod
petitio praeturae desiderarat, praetura restituit.　Num tibi haec 38
parva videntur adiumenta et subsidia consulatus?　voluntas militum?　quae cum per se valet multitudine, cum apud suos gratia,
5 tum vero in consule declarando multum etiam apud universum
populum Romanum auctoritatis habet suffragatio militaris; imperatores enim comitiis consularibus, non verborum interpretes
deliguntur.　Quare gravis est illa oratio: ‘me saucium recreavit,
me praeda donavit: hoc duce castra cepimus, signa contulimus:
0 numquam iste plus militi laboris imposuit quam sibi sumpsit ipse,
cum fortis tum etiam felix’　Hoc quanti putas esse ad famam
hominum ac voluntatem?　Etenim si tanta illis comitiis religio est,
ut adhuc semper omen valuerit praerogativae, quid mirum est
in hoc felicitatis famam sermonemque valuisse?

5　　19. Sed si haec leviora ducis, quae sunt gravissima, et hanc
urbanam suffragationem militari anteponis, noli ludorum huius
elegantiam et scaenae magnificentiam valde contemnere, quae

1. *comitiis*, wie *gladiatoribus*
§ 67 u. 73, s. Madv. § 276 A. 2.
L. Murenae ist Dativ.
　quod　desiderarat ‘hatte ver-
missen lassen’ = *quod, cum prae-*
turam petebat, desideratum erat.
　2. *praetura restituit*, Einl. § 4.
　3. *voluntas militum?*　Darauf
sollte folgen *an ludorum elegantia?*
das zweite Glied folgt aber auf die
längere Ausführung des ersten erst
c. 19 in anderer Form.
　4. *cum — eum — tum*, wie p.
Rosc. Am. § 62: *cum multa antea*
commissa maleficia, cum vita hominis
perditissima, tum singularis audacia
ostendatur necesse est etc.
　valet multitudine: man weiss
jedoch, dass Pompejus dem Lucullus
zu seinem Ehrentage nur 1600 Soldaten überlassen hat, s. Plut. Luc.
36: στρατιώτας δὲ τοὺς ἄλλους
ἀπαγαγὼν μόνους αὐτῷ χιλίους
ἐξακοσίους ἀπέλιπε (Πομπήϊος)
συνθριαμβεύσοντας, οὐδὲ τού-
τους μάλα προθύμως ἑπο-
μένους.
　6. *imperatores* etc. d. h. bei der
Wahl der Consuln sieht man auf
die Befähigung zur Feldherrnschaft,

nicht auf juristisches Wissen und
auf Wortklauberei.
　11. *quanti putas esse*, wir sagen
in anderer Wendung: ‘von welcher
Bedeutung ist das nicht?’ wie c. 24
in. *quam te securim putas iniecisse*
petitioni tuae? welchen Streich hast
du nicht versetzt? Vgl. Madv. § 492 b.
　ad famam hominum ‘in Bezug auf
den Ruf bei den Leuten’.
　12. *religio* ‘religiöse Scheu, Bedenk-
lichkeit’, wenig von unserem ‘Aber-
glauben’ verschieden.
　13. *omen praerogativae.* Da neml.
das Loos entschied, welche Centurie
zuerst stimmen sollte, so erkannte
man in der Abstimmung der *prae-*
rogativa einen göttlichen Fingerzeig,
wie das Resultat ausfallen solle.
Vgl. p. Planc. § 49: *una centuria*
praerogativa tantum habet auctoritatis,
ut nemo umquam prior eam tulerit,
quin renuntiatus sit aut iis ipsis
comitiis consul aut certe in illum
annum.
　16. *urbanam* ‘der städtischen
Bevölkerung’.
　17. *magnificentiam*, s. Plin. N. H.
33, 3, § 53: *Caesar, qui postea*
dictator fuit, primus in aedilitate

Cic. Reden VII.　　　　　　　　　　　　4

huic admodum profuerunt. Nam quid' ego dicam populum ac
vulgus imperitorum ludis magno opere delectari? Minus est mirandum, quamquam huic causae id satis est; sunt enim populi
ac multitudinis comitia. Quare, si populo ludorum magnificentia
voluptati est, non est mirandum eam L. Murenae apud populum
39 profuisse. Sed si nosmet ipsi, qui et ab delectatione communi
negotiis impedimur et in ipsa occupatione delectationes alias
multas habere possumus, ludis tamen oblectamur et ducimur,
40 quid tu admirere de multitudine indocta? L. Otho, vir fortis,
meus necessarius, equestri ordini restituit non solum dignitatem,
sed etiam voluptatem. Itaque lex haec, quae ad ludos pertinet,
est omnium gratissima, quod honestissimo ordini cum splendore
fructus quoque iucunditatis est restitutus. Quare delectant homines, mihi crede, ludi, etiam illos, qui dissimulant, non solum
eos, qui fatentur. Quod ego in mea petitione sensi; nam nos
quoque habuimus scaenam competitricem. Quodsi ego, qui tri-

---

*munere patris funebri omni apparatu
harenae argenteo usus est . C.
Antonius ludos scaena argentea fecit,
item L. Murena.*
2. *vulgus imperitorum*, wie de
Orat. III, § 195 und de nat. deor.
I, § 101; gewöhnlich sagt man
vulgus (multitudo) imperitum, wie
Tac. Dial. 7, Plin. H. N. 8, § 38
etc., vgl. unten § 39 *multitudo indocta.*
minus est mirandum: das *minus*
erklärt sich aus dem erst später
folgenden Gegensatz *sed si nosmet
ipsi ludis tamen oblectamur.*
3. *quamquam* etc. Der Zusammenhang ist: indes darauf kommt
es nicht an; es genügt für die
vorliegende Sache das Factum, dass
der grosse Haufe an Spielen sich
ergetzt, weil der Ausfall der
Wahlen von der Masse abhängt.
9. *de multitudine*, verschieden
von *multitudinem*: über die Menge
wenn sie solches thut, ein solches
studium an der M.
L. (Roscius) Otho setzte als
Volkstribun im J. 67 eine *lex
(Roscia)* durch, welche den Rittern
im Theater die 14 ersten Sitzreihen
XIIII ordines) zunächst der Or-
chestra, wo die Senatoren sassen,

eingeräumt hat.
10. *restituit.* Aus Velleius Paterc.
II, 32, 2 (*per idem tempus Cotta
iudicandi munus, quod C. Gracchus
ereptum senatui ad equites, Sulla ab
illis ad senatum transtulerant, aequa-
liter inter utrumque ordinem partitus
est; Otho Roscius lege sua equitibus
in theatro loca restituit)* lässt sich
schliessen, dass den Rittern das
Vorrecht eines abgesonderten Platzes
im Theater durch C. Gracchus
verliehen (vgl. Momms. R. G. II,
112), aber durch Sulla wieder
entzogen worden ist. Ohne eine
solche Annahme wäre, wiewohl die
Sache nirgends bestimmt überliefert
ist, das von Cic. wiederholt gesetzte
restituit unerklärlich.
11. *ad ludos:* Cic. erwähnt ad
Att. 2, 19, 3 von Roscius Otho
auch eine *lex frumentaria.*
12. *gratissima*: der Gesetzvor-
schlag erregte vielmehr beim Volk
grosse Unzufriedenheit, die Cic
durch eine (verloren gegangene)
Rede zu beschwichtigen versucht hat.
13. *fructus* 'Genuss'.
16. *competitricem,* bei der Bewerbung um's Consulat.
trinos ludos, s. Verr. V, § 36:

nos ludos aedilis feceram, tamen Antonii ludis commovebar, tibi,
qui casu nullos feceras, nihil huius istam ipsam, quam irrides,
argenteam scaenam adversatam putas? Sed haec sane sint paria 41
omnia: sit par forensis opera militari, militaris suffragatio urba-
5 nae, sit idem magnificentissimos et nullos umquam fecisse ludos:
quid? in ipsa praetura nihilne existimas inter tuam et huius sor-
tem interfuisse?

20. Huius sors ea fuit, quam omnes tui necessarii tibi
optabamus, iuris dicundi; in qua gloriam conciliat magnitudo ne-
10 gotii, gratiam aequitatis largitio; qua in sorte sapiens praetor,
qualis hic fuit, offensionem vitat acquabilitate decernendi, benevolentiam adiungit lenitate audiendi: egregia et ad consulatum
apta provincia, in qua laus aequitatis, integritatis, facilitatis ad
extremum ludorum voluptate concluditur. Quid tua sors? tri- 42

nunc sum designatus aedilis; habeo
rationem quid a populo Ro. accepe-
rim: mihi ludos sanctissimos maxima
cum cura et caerimonia Cereri Libero
Liberaeque faciundos (die Cerealia),
mihi Floram matrem placandam
(die Floralia), mihi ludos antiquissi-
mos, qui primi Romani appellati
sunt, Iovi Iunoni Minervaeque
esse faciundos. Warum heisst es
trinos, nicht tres?

1. *Antonii ludis*, s. zu p. 49,
17 die Stelle aus Plinius. Cicero
hatte seine Spiele als Aedil im J.
69, Antonius erst drei Jahre später
als Praetor gegeben. Ihr Glanz
machte Cicero um so mehr bange,
als Antonius nicht blos seine
eigene Wahl, sondern auch die des
mit ihm verbündeten Catilina betrieb;
vgl. Ascon. argum. ad or. de toga
cand. *Catilina autem et Antonius,
quamquam omnibus rebus maxime
infamis eorum vita esset, tamen
multum poterant; coierant enim
ambo, ut Ciceronem consulatu deicerent,
adiutoribus usi firmissimis M. Crasso
et C. Caesare.*
2. *casu,* weil ihm als Prätor
nicht die *provincia urbana* zugefallen
war; von den Prätoren aber hatte
nur der urbanus die Leitung von
ludi, der Apollinares, zu besorgen.

Die Aedilität hatte Sulpicius so
wenig als Murena bekleidet.
3. *argentcam,* d. i. reich mit
Silber ausgestattet; vgl. die zu p.
49, 17 aus Plinius beigebrachte
Stelle.
sed haec etc. Recapitulation der
Beweisführung von § 19 an.
sane 'immerhin'.
9. *iuris dicundi.* Seit Sulla gab
es acht Prätoren, zwei für den
Civilprocess, die *iuris dictio,* den
urbanus und den sogenannten *pere-
grinus (qui inter peregrinos ius
dicebat)*, und sechs für den Crimi-
nalprocess, welche in den verschiedenen *quaestiones perpetuae* die
Vorstandschaft hatten. Dem Murena
war bei der Loosung die *iurisdictio
urbana,* dem Sulpicius die *quaestio
de peculatu* zugefallen.
10. *aequitatis largitio* 'das reich-
liche Gewähren von Billigkeit',
indem die Billigkeit der Auslegung
oft den strengen Buchstaben des
Rechts bei Anwendung auf einen
concreten Fall mildern kann.
12. *adiungit* = *comparat,* wie
p. Rosc. Am. § 116 *auxilium sibi
se putat adiunxisse.*
13. *provincia* 'Wirkungskreis,
Amtsbereich'.
14. *ad extremum,* nicht temporal;

stis, atrox: quaestio peculatus, ex altera parte lacrimarum et squaloris, ex altera plena tabularum atque indicum. Cogendi iudices
inviti, retinendi contra voluntatem; scriba damnatus, ordo totus
alienatus; Sullana gratificatio reprehensa, ┃multi viri fortes et
prope pars civitatis offensa; lites severe aestimatae; cui placet 5
obliviscitur, cui dolet meminit. ┃Postremo tu in provinciam ire
noluisti. Non possum id in te reprehendere, quod in me ipso
et praetore et consule probavi, sed tamen L. Murenae provincia
multas bonas gratias cum optima existimatione attulit. Habuit
proficiscens dilectum in Umbria: dedit ei facultatem res publica 10
liberalitatis, qua usus multas sibi tribus, quae municipiis Umbriae
conficiuntur, adiunxit: ipsa autem in Gallia, ut nostri homines
desperatas iam pecunias exigerent, aequitate diligentiaque perfe-
cit. Tu interea Romae scilicet amicis praesto fuisti. Fateor,

---

denn die ludi Apollinares bereits
fielen a. d. III Non. Jul.

1. *quaestio peculatus.* Von den
betreffenden Processen ist nichts
bekaunt, eben so wenig von der
Person des nachher erwähnten *scriba.*

squaloris vom Traueranzug der
rei gesagt.

2. *ex altera,* der Ankläger.

tabularum 'Rechnungsbücher'; so
nach Zumpts Vermuthung st. der
unpassenden handschriftl. Lesart
catenarum. (Andere vermuthen *ca-
lumniarum* oder *calumniatorum.*)

3. *scriba,* der wahrscheinlich
einem processierten Beamten Bei-
hilfe geleistet hatte. Es gab deren
drei Gattungen, die *scribae quae-
storii, aedilicii* und *tribunicii*; die
übrigen höheren Beamten erhielten
keine besonderen scribae vom Staat,
sondern nahmen solche nach Be-
dürfniss.

ordo sc. scribarum. Die angesehensten der seribae, die der
Quaestoren und Aedilen, waren fast
ausschliesslich *ingenui* (die übrigen
meist *liberti*), und stimmten demnach
als römische Bürger in den Comitien.

4. *gratificatio,* die Landanweisungen
an seine alten Soldaten, s. Momms.
R. G. II, 349 (3).

5. *lites,* die straffälligen Summen,

d. h. es fand eine strenge Schätzung
(Berechnung) der veruntreuten Gelder
statt, für die Ersatz zu leisten war.

cui placet, 'wem das Verfahren
gefällt', d. h. zu gute kommt; *dolet*
'wehe thut', wie Plaut. Epid. 1, 2,
44: *mihi dolet, quom ego vapulo.*

8. *provincia* 'die Verwaltung einer
Provinz', s. Einl. § 4.

9. *bonas gratias: bonus* findet sich
öfters zu *gratia* hinzugefügt, wie
de imp. Pomp. § 71: *ut aliquam
mihi bonam gratiam quaesisse videar*;
über den Plural s. zu § 24.

10. *proficiscens* 'auf der Reise'

11. *liberalitatis*: er hatte Gelegenheit sich bei der Aushebung manchem
gefällig zu zeigen, da die Bedürf-
nisse des Staats damals keine
Strenge bei dem Geschäft nothwendig machten.

12. *conficiuntur* 'gebildet werden'.

nostri homines, bes. die publicani
und Capitalisten, die in der Provinz
Geld angelegt hatten. So fanden
die Statthalter manigfaltige Gelegenheit sich reichen Leuten durch
Beitreibung ihrer Forderungen ver-
bindlich zu machen.

14. *Romae* manens.

scilicet 'offenbar', wie leicht zu
denken ist, dass du nicht müssig
geblieben bist.

sed tamen illud cogita, nonnullorum amicorum studia minui
solere in eos, a quibus provincias contemni intellegunt.
  21. Et quoniam ostendi, iudices, parem dignitatem ad con- 43
sulatus petitionem, disparem fortunam provincialium negotio-
5 rum in Murena atque in Sulpicio fuisse, dicam iam apertius, in
quo meus necessarius fuerit inferior [Servius], et ea dicam vobis audientibus, amisso iam tempore, quae ipsi soli re integra
saepe dixi. Petere [consulatum] nescire te, Servi, persaepe tibi
dixi, et in iis rebus ipsis, quas te magno et forti animo et agere
10 et dicere videbam, tibi solitus sum dicere, magis te fortem accusa-
torem mihi videri quam sapientem candidatum. |Primum accu-
sandi terrores et minae, quibus tu cotidie uti solebas, sunt fortis viri, sed et populi opinionem a spe adipiscendi avertunt et
amicorum studia debilitant. Nescio quo pacto semper hoc fit —
15 neque in uno aut altero animadversum est, sed iam in pluribus —,
simulatque candidatus accusationem meditari visus est, ut honorem desperasse videatur. 'Quid ergo? acceptam iniuriam per- 44
sequi non placet?' Immo vehementer placet, sed aliud tempus
est petendi, aliud persequendi. Petitorem ego, praesertim con-
20 sulatus, magna spe, magno animo, magnis copiis et in forum

1. *nonnullorum amicorum*, die
sich von ihrem Freunde eine Anstellung in der Provinz erwartet
hatten.
4. *provincialium* in dem Sinne
wie *provincia* S. 51, 13.
7. *re integra*, d. h. als es noch
nicht zu spät war und Sulp. die
Mahnung noch für seineBewerbung
benützen konnte.
8. *consulatum* ist Zusatz eines
Interpolators, der sich an dem ob-
jectlosen Verbum stiess. Cic. hat
sicherlich nicht sagen wollen, dass
Sulp. blos das nicht verstanden habe,
wie man sich um das Consulat bewerben solle. Von diesem ist in der
ganzen Erörterung c. 21 u. 22 keine
Rede, sondern blos von der *petitio*
überhaupt; nur an einer Stelle § 44
sagt Cic., aber hier mit steigerndem
Zusatz: *petitorem ego, praesertim
consulatus, magna spe in campum
deduci volo.*
9. *in iis rebus ipsis* bezieht sich

sowohl auf Beschwerden im Senat
wegen Wahlumtriebe als auf Vorbereitungen zu einer Anklage gegen
die Mitbewerber.
13. *p. opinionem . . avertunt*, d. h.
sie benehmen dem Volke den Glauben, dass der drohende noch eine
Hoffnung auf ein Erlangen nähre.
16. *ut* hängt von *fit* Z. 14 ab;
der Zwischensatz *simulatque* etc.
ist vorausgesetzt, wie bei Nepos
Arist. 2, 2 *eius aequitate factum est,
cum in communi classe esset Grac-
ciae simul cum Pausania . , ut
summa imperii maritimi ab Lace-
daemoniis transferretur ad Athe-
nienses.* Milt. 6, 3 u. ö.
18. *non placet* scheint ungehörig,
man soll nicht'.
20. *magnis copiis*, so von dem
Gefolge von Freunden und Clienten
gesagt, vgl. Einl. § 9 A. 24.
et in forum, wo die *prensatio* (s.
zu § 77), *et in campum*, wo die
eigentliche *petitio* stattfand.

et in campum deduci volo: non placet mihi inquisitio candidati,
praenuntia repulsae, non testium potius quam suffragatorum
comparatio, non minae magis quam blanditiae, non declamatio
potius quam persalutatio, praesertim cum iam hoc novo more
omnes fere domos omnium concursent et ex vultu candidatorum 5
coniecturam faciant, quantum quisque animi et facultatis habere
45 videatur. 'Videsne tu illum tristem, demissum? iacet, diffidit,
abiecit hastas.' Serpit hic rumor: 'Scis tu illum accusationem
cogitare, inquirere in competitores, testis quaerere? alium faciam,
quoniam sibi hic ipse desperat.' Eius modi de candidato rumore 10
amici intimi debilitantur, studia deponunt, ut desertam rem abi-
ciunt, aut suam operam et gratiam iudicio et accusationi reser-
vant. 22. Accedit eodem, ut etiam ipse candidatus totum animum atque omnem curam, operam diligentiamque suam in petitione non possit ponere; adiungitur enim accusationis cogitatio, 15
non parva res, sed nimirum omnium maxima. Magnum est enim
te comparare ea, quibus possis hominem e civitate, praesertim
non inopem neque infirmum, exturbare, qui et per se et per suos
et vero etiam per alienos defendatur. Omnes enim ad pericula
propulsanda concurrimus, et qui non aperte inimici sumus, etiam 20

1. *inquisitio* 'ein inquisitorisches
Verfahren' in Beschaffung von Be-
lastungszeugen und Beweismitteln
gegen Mitbewerber.
3. *declamatio* hier 'das laute
Eifern, Poltern', das sich in heftigen
Aeusserungen von Unzufriedenheit
kundgibt.
4. *persalutatio* 'allseitiges Grüs-
sen'. Vgl. die interessante Stelle
bei Mamertini gratiarum actio Ju-
liano c. 16: *Quis ignorat tum quoque, cum honores populi Ro. suffra-
giis mandabantur, multos fuisse
candidatorum labores? Ediscenda
omnium nomina, tributim omnes
atque etiam singuli salutandi, pren-
sandae obviorum manus, omnibus
adridendum; non solum cum infimis, sed etiam cum ignotis familia-
ritatis imago simulanda, multaque
alia propter honorem agenda, quae
alias virum honore dignum facere
non deceret.*
5. *omnium* sc. candidatorum.
6. *facultatis*, Vermögen etwas zu

erreichen, hier Mittel eine Wahl
durchzusetzen.
8. *abiecit hastas* 'er hat den
Kampf aufgegeben'. Sonst heisst es
in diesem bildlichen Ausdruck *abi-
cere scutum*, aber *hastas* (*hastam?*)
ist hier bezeichnender, wo es sich
vom Aufgeben des directen Wett-
kampfes (der Offensive), nicht vom
völligen Waffenstrecken handelt.
scis 'du weisst doch' = *scisne* in
familiärer Rede, wo der Ausdruck
einer angelegentlichen Frage im
Tone lag; vgl. § 76 *rogas tu me.*
13. *accedit ut*, Madv. § 373 A. 3.
17. *te* allgemein für unser 'man'
c civitate exturbare, mit Beziehung auf die Strafe der lex Tullia,
s. Einl. § 9.
19. *vero* steigernd 'sogar auch'.
20. *etiam alienissimis* 'auch ganz
fremden'; vgl. de Orat. II, § 200:
*nihil mihi ad existimationem tur-
pius accidere posse quam si is,
qui saepe alienissimis a me, sed
meis tamen civibus saluti existima-*

alienissimis in capitis periculis amicissimorum officia et studia
praestamus. Quare ego expertus et petendi et defendendi et 46
accusandi molestiam sic intellexi : in petendo studium esse acerrimum, in defendendo officium, in accusando laborem. Itaque
5 sic statuo, fieri nullo modo posse, ut idem accusationem et petitionem [consulatus] diligenter adornet atque instruat: unum sustinere pauci possunt, utrumque nemo. Tu, cum [te] de curri-
culo petitionis deflexisses animumque ad accusandum transtu-
lisses, si existimasti te utrique negotio satis facere posse, vehe-
10 menter errasti. Quis enim dies fuit, posteaquam in istam accusandi denuntiationem ingressus es, quem tu non totum in ista
ratione consumpseris? 23. Legem ambitus flagitasti, quae tibi
non deerat; erat enim severissime scripta Calpurnia : gestus est
mos et voluntati et dignitati tuae. Sed tota illa lex accusatio-
15 nem tuam, si haberes nocentem reum, fortasse armasset, petitioni vero refragata est. Poena gravior in plebem tua voce effla- 47
gitata est; commoti animi tenuiorum: exilium in nostrum ordinem; concessit senatus postulationi tuae, sed non libenter
duriorem fortunae communi condicionem te auctore constituit.

---

*rer fuisse, sodali meo auxilium
ferre non potuissem.*
3. *in petendo esse* 'dass dazu
gehöre, erforderlich sei'.
4. *offieium* 'Dienstbeflissenheit',
laborem 'mühevolle Anstrengung'
im Gegensatz von *studium* 'Eifer,
Thätigkeit'.
6. *sustinere* 'durchführen', wie
de Orat. II, § 102: *tres personas*
(Rollen) *unus sustineo, · meam, adversarii, iudicis.*
10. *quis dies,* Madv. § 88 A. 1.
12. *ratione* 'Tendenz, Plan'.
legem ambitus. Cic. fügt nicht *no-
vam* bei, weil er eben entgegnet, dass
die Forderung an und für sich über-
flüssig gewesen sei, da eine solche
lex schon längst vorhanden war.
13. *erat* ist hier selbständiges
Verbum.
Calpurnia, Einl. § 7.
14. *dignitati tuae,* deiner würdigen,
bedeutenden Persönlichkeit.
tota illa lex, die Tullia.
16. *poena gravior in plebem, s.*
Einl. § 9. Wenn es *gravior* heisst,

so ist von früheren Strafen nur das
bekannt, dass mit einer solchen die
divisores, die eben zur *plebs* gehör-
ten, in der *lex Calpurnia* bedroht
waren, s. Einl. § 7 mit A. 24.

efflagitata ist kein verstärktes
flagitata, sondern heisst 'ward durch
dein dringendes Verlangen erwirkt'
17. *tenuiorum,* die es erbitterte
einen fast ständig gewordenen Verdienst sich entzogen zu sehen.

in nostrum ordinem, i. e. senato-
rium, dem alle Bewerber um höhere
Aemter angehörten, seit durch Sulla
die Quaestur zum Eintritt in den
Senat berechtigte. Cic. konnte so
im rhetorischen Gegensatz zu *plebem* um so mehr sprechen, als bei
der Wahl um die Quaestur wohl nur
selten *ambitus* und *largitio* vorge-
kommen ist. Derartige Fälle sind
wenigstens nicht bekannt.
18. *concessit* 'gab nach', ohne
Object wie § 57.
19. *fortunae communi,* die ein
jedes Mitglied des Standes treffen

Morbi excusationi poena addita est: voluntas offensa multorum,
quibus aut contra valetudinis commodum laborandum est aut
incommodo morbi etiam ceteri vitae fructus relinquendi. Quid
ergo? haec quis tulit? is, qui auctoritati senatus, voluntati tuae
paruit, denique is tulit, cui minime proderat. Quid? illa, quae 5
mea summa voluntate senatus frequens repudiavit, mediocriter
adversata tibi esse existimas? Confusionem suffragiorum flagitasti, perrogationem legis Maniliae, aequationem gratiae, dignitatis, suffragiorum. Graviter homines honesti atque in suis vicinitatibus et municipiis gratiosi tulerunt, a tali viro esse pugna- 10
um, ut omnes et dignitatis et gratiae gradus tollerentur. Idem
editicios iudices esse voluisti, ut odia occulta civium, quae taci-

konnte, freilich nur bei einer Uebertretung des Gesetzes!

1. *morbi excusationi*, s. Einl.
§ 10. Krankheiten wurden in solchen Fällen fingiert, um einen Process *de ambitu* so lange zu verhindern, bis die Zeit des Amtsantrittes,
wo Magistrate nicht mehr vor Gericht gestellt werden konnten, her-
angekommen war.

addita est zu den übrigen Straf-
estimmungen, also == ward ausserdem bestimmt.

multorum, die in solche Lage
kommen konnten.

2. *laborandum est*, wenn sie, ob-
gleich krank, doch vor Gericht erscheinen.

3. *vitae fructus* 'Errungenschaf-
ten des Lebens' mit Bezug auf die
Strafe des Exils, weil, wenn der
Process ohne Aufschub auch in
ihrer Abwesenheit durchgeführt
wurde, leichter eine Verurtheilung
erfolgen konnte.

4. *haec*, st. *hanc legem*, die erwähnten neuen härteren Bestimmungen.

is qui etc. Cic. meint sich selbst und
will sich den Schein geben als habe
er die lex wider seinen Willen, um
den Wünschen des Sulp. und anderer Senatoren zu willfahren, in den
Comitien eingebracht. So falle die
invidia der überstrengen lex dem
Sulp. zur Last, um so mehr als er

noch strengere Bestimmungen verlangt habe.

5. *proderat*, sc. ea tulisse.

7. *confusionem suffragiorum*, s.
Einl. § 10.

8. *perrogationem — suffragiorum* bringt nichts Neues, sondern
ist nur rhetorische Ausführung von
confusionem suffragiorum. C. Mani-
lius hatte als Volkstribun im J. 67
durchgesetzt, dass die Freigelassenen
nicht mehr blos in den 4 tribus urbanae, sondern in allen Tribus stimmen sollten, und zwar ein jeder in
der Tribus seines Patronen. Das
Gesetz wurde aber sogleich wieder
durch den Senat aufgehoben. Wenn
nun Cie. von einer *perrogatio l. Maniliae* spricht, so deutet er damit an,
dass Sulpicius, indem er eine Abstimmung nach Köpfen, statt nach
Centurien verlangte, nichts anders
als eine Durchführung der lex Ma-
nilia auf einem Seitenwege erzweckt
habe. Denn bei einer *confusio suffragiorum* waren die Freigelassenen
factisch den übrigen Bürgern im
Stimmrecht gleich gestellt.

9. *vicinitatibus*, s. Q. Cic. de petit. cons. § 24: *sunt enim quidam
homines in suis vicinitatibus et municipiis gratiosi;* vgl. auch ebenda-
selbst § 30—32.

12. *editicios iudices*: so hiessen
Richter, die *una pars*, d. i. der accusator, *edebat* s. *eligebat*, im Ge-

tis nunc discordiis continentur, in fortunas optimi cuiusque erum-
perent. Haec omnia tibi accusandi viam muniebant, adipiscendi
obsaepiebant.

Atque ex omnibus illa plaga est iniecta petitioni tuae, non 48
5 tacente me, maxima, de qua ab homine ingeniosissimo et copio-
sissimo, Hortensio, multa gravissime dicta sunt. Quo etiam
mihi durior locus est dicendi datus, ut, cum ante me et ille di-
xisset et vir summa dignitate et diligentia et facultate dicendi,
M. Crassus, ego in extremo non partem aliquam agerem causae,
10 sed *e tota re dicerem, quod mihi videretur. Itaque in isdem
rebus fere versor, et, quoad possum, iudices, occurro vestrae
satietati. **24.** Sed tamen, Servi, quam te securim putas iniecisse petitioni tuae, cum populum Romanum in eum metum adduxisti, ut pertimesceret, ne consul Catilina fieret, dum tu accu-
15 sationem comparares deposita atque abiecta petitione? Etenim 49
te inquirere videbant, tristem ipsum, maestos amicos; observa-
tiones, testificationes, seductiones testium, secessiones subscrip-
torum animadvertebant, quibus rebus certe spes candidatorum
obscuriores videri solent: Catilinam interea alacrem atque laetum,

gensatz der erloosten Richter, von
denen jede Partei cine bestimmte
gleiche Anzahl verwarf (*reiciebat*).
Das Nähere in der Einl. § 10, A. 34.
Uebrigens ist der Vorschlag des
Sulp. 8 Jahre später durch die *lex
Licinia de sodaliciis* zur Ausführung
gekommen, jedoch in anderer Form
in Bezug auf die Wahl von *iudices
editicii*
   odia occulta, weil ein Ankläger
lauter Feinde des Angeklagten wählen und diese zur Befriedigung
seines Hasses benutzen konnte.
   1. *continentur* 'beschränkt sind'
   4. *Atque* 'und dazu', hier unser
'noch'; *ex omnibus* gehört zu *maxima*.
   illa plaga sc. *cum populum Ro.
in metum adduxisti* c. 24 in. Da
wir im Deutsche cin 'jener' ohne
folgende nähere Bestimmung nicht
setzen können, so hat man in anderer Wendung zu übersetzen:
Noch ist ein Schlag, der grösste
von allen, versetzt worden.

non tacente me, d. i. nicht ohne
von mir gewarnt zu sein.
   6. *Hortensio*, s. Einl. § 12.
   7. *ut* explicativ, 'neml. die Aufgabe'
   12. *sed tamen* nimmt die durch
die Zwischenbemerkungen unter-
brochene Rede (§ 48 in.) wieder
auf.
   13. *cum*, s. Madv. § 358 A. 2.
   14. *Catilina*, s. zu S. 51, 1 u.
Einl. § 5.
   16. *inquirere* sc. in competitores,
s. § 44.
   17. *testificationes*, das Constatic-
ren von unlauteren Vorgängen, s.
zu Verr. V, § 103.
   18. *quibus rebus* etc. Bei solchen
Massregeln (d. h. Vorbereitungen
zu einer Anklage) nimmt man in
der Regel an, dass die Hoffnungen
der Candidaten ziemlich verdunkelt,
d. i. nicht sehr glänzend seien.
(Die Lesart der Handschriften ist
sinnlos und cine sichere Herstel-
lung nicht möglich.)

stipatum choro iuventutis, vallatum indicibus atque sicariis, in-
flatum cum spe consulatus tum collegae mei,quemadmodum dicebat
ipse, promissis, circumfluentem colonorum Arretinorum et Faesu-
lanorum exercitu, quam turbam dissimillimo ex genere distinguebant homines perculsi Sullani temporis calamitate. Vultus ipsius 5
erat plenus furoris, oculi sceleris, sermo adrogantiae, sic ut ei
iam exploratus et domi conditus consulatus videretur. Murenam
contemnebat, Sulpicium accusatorem suum numerabat, non com-
50 petitorem; ei vim denuntiabat, rei publicae minabatur. 25. Quibus rebus qui timor bonis omnibus iniectus sit quantaque de- 10
speratio rei publicae, si ille factus esset, nolite a me commoneri
velle: vosmet ipsi vobiscum recordamini. Meministis enim, cum
illius nefarii gladiatoris voces percrebruissent, quas habuisse in
contione domestica dicebatur, cum miserorum fidelem defensorem negasset inveniri posse, nisi eum qui ipse miser esset; inte- 15
grorum et fortunatorum promissis saucios et miseros credere
non oportere: quare qui consumpta replere, erepta recuperare

1. *indicibus*, Angebern von Pro-
fession.

2. *collegae mei*, des C. Antonius
Hybrida.

3. *circumfluentem* 'reichlich um-
schwärmt'

colonorum — exercitu, d. i. der
von Sulla in Arretium und Faesulae
angesiedelten, aber durch Schwel-
gerei verarmten Veteranen, s. in
Catil. II, § 20. Sall. Cat. 28.

4. *dissimillimo ex genere*, At-
tribut zu *turbam* 'welche bunt zu-
sammengewürfelte Schaar'; *quam
turbam* bezieht sich nicht blos auf
das letzte Glied, sondern auch auf
stipatum choro iuventutis, *vallatum*
etc. Andere beziehen *dissimill. ex
genere* auf *homines*, was die Wortstellung nicht zulässt.

distinguebant 'brachten in sie
eine Schattierung', d. h. stachen
aus ihr hervor.

5. *homines perculsi* etc. d. i.
Marianer, die durch Sulla's Pro-
scriptionen um das ihrige gekommen waren.

7. *exploratus* 'ausgemacht'.

8. *numerabat*, wie ep. ad Att. 7,
1, 3: *me uterque numerabat suum*.

11. *factus esset*, wie *fiant* § 18.

nolite — velle, ein nicht seltener
Pleonasmus, der bei der häufigen
Verwendung von *noli* (*nolite*) zum
Ausdruck eines negativen Impe-
rativs nicht auffällig erscheinen
kann. Die Form *ne volueritis* scheint
minder gebräuchlich gewesen zu
sein.

12. *vobiscum — recordamini:* so
asyndetisch auch p. Caelio § 43: *ex
quibus neminem mihi libet nominare:
vosmet vobiscum recordamini.* Phil.
II, § 1: *nec vero necesse est quemquam a me nominari: vosmet ipsi
recordamini.*

meministis: das Object folgt erst
S. 59 Z. 4.

13. *gladiatoris* als Schimpfwort
'Klopffechter', wie § 83.

15. *integrorum* bildlich im Gegensatz von *saucios*, vgl. or. Cottae
§ 5 bei Sall. (II, 46 ed. Dietsch): *ut
sine dedecore eum civibus fama et
fortunis integer agas, id dono
datur et accipitur.*

17. *replere* (= reparare) bezieht
sich auf die Sullaner, *erepta recuperare* auf die Marianer.

vellent, spectarent, quid ipse deberet, quid possideret, quid au-
deret: minime timidum et valde calamitosum esse oportere eum,
qui esset futurus dux et signifer calamitosorum: — tum igitur, 51
his rebus auditis, meministis fieri senatus consultum referente
5 me, ne postero die comitia haberentur, ut de his rebus in senatu
agere possemus. Itaque postridie frequenti senatu Catilinam ex-
citavi atque eum de his rebus iussi, si quid vellet, quae ad me
adlatae essent, dicere. Atque ille, ut semper fuit apertissimus,
non se purgavit, sed indicavit atque induit. Tum enim dixit duo
10 corpora esse rei publicae, unum debile, infirmo capite, alterum
firmum, sine capite: huic, si ita de se meritum esset, caput se
vivo non defuturum. Congemuit senatus frequens neque tamen
satis severe pro rei indignitate decrevit; nam partim ideo fortes
in decernendo non erant, quia nihil timebant, partim, quia time-
15 bant cuncta. Erupit e senatu triumphans gaudio, quem omnino vivum illinc exire non oportuerat, praesertim cum idem ille
in eodem ordine paucis diebus ante Catoni, fortissimo viro, iudicium minitanti ac denuntianti respondisset, si quod esset in suas
fortunas incendium excitatum, id se non aqua, sed ruina restin-
20 cturum. **26.** His tum rebus commotus, et quod cum gladiis in 52
campum deduci Catilinam sciebam, descendi cum firmissimo
praesidio fortissimorum virorum et cum illa lata insignique lorica,

1. *ipse*, er selbst, der sich zum
Führer erbiete ; *deberet* ʻschulde'
3. *tum igitur* nimmt den Satz
Meministis enim wieder auf.
4. *senatus consultum*, s. Einl. § 5.
8. *apertissimus*, ironische Lito-
tes st. *impudentissimus;* vgl. or.
Phil. II, § 111: *disertissimum co-
gnovi avum tuum, at te etiam aper-
tiorem in dicendo.*
9. *se . induit* = se irretivit,
wie in Verr. II, § 102: *hic videte,
in quot se laqueos induerit.*
10. *unum* die Senatspartei, *alterum* die Volkspartei.
11. *si ita de se meritum esset*, d.
h. wenn er Ernst zeige ihn zu unterstützen, zunächst bei den Con-
sulwahlen. *Ita* ist elliptisch: so
verdient, dass er die Führerschaft
gern übernehmen wolle.
12. *neque t. satis severe decrevit.*
Was beschlossen wurde, ist nicht

bekannt, jedenfalls Ausnahmsmass-
regeln, die anzuordnen die Zeitlage
erheischte. Cic. hatte wahrscheinlich den Beschluss gewünscht ʻvi-
deant consules ne quid res publ. de-
trimenti caperet', dieser kam aber
erst nach den Comitien auf die Kunde
von der beabsichtigten Schild-
erhebung des C. Manlius in Etrurien
zu Stande.
17. *in eodem ordine*, d. i. in senatu.
19. *ruina*, durch allgemeinen Ein-
sturz, wie man eine grosse Feuers-
brunst durch Niederreissen von Ge-
bäuden zu dämpfen pflegt; vgl. Sall.
Cat. 31: *quoniam quidem circumven-
tus ab inimicis praeceps agor*, *incendium meum ruina restinguam.*
20. *cum gladiis* = ab armatis.
21. *descendi* sc. in campum.
22. *insigni* ʻhervorstechend. in die
Augen fallend'

non quae me tegeret — etenim sciebam Catilinam non latus aut
ventrem, sed caput et collum solere petere —, verum ut omnes
boni animadverterent, et, cum in metu et periculo consulem viderent, id quod est factum, ad opem praesidiumque concurrerent.
Itaque cum te, Servi, remissiorem in petendo putarent, Catilinam 5
et spe et cupiditate inflammatum viderent, omnes, qui illam ab re
publica pestem depellere cupiebant, ad Murenam se statim con-
53 tulerunt. Magna est autem comitiis consularibus repentina vo-
luntatum inclinatio, praesertim cum incubuit ad virum bonum
et multis aliis adiumentis petitionis ornatum. Qui cum hone- 10
stissimo patre atque maioribus, modestissima adulescentia, cla-
rissima legatione, praetura probata in iure, grata in munere, ornata
in provincia, petisset diligenter et ita petisset, ut neque minanti
cederet neque cuiquam minaretur, huic mirandum est magno
adiumento Catilinae subitam spem consulatus adipiscendi fuisse? 15
54   Nunc mihi tertius ille locus est reliquus orationis, de ambitus criminibus, perpurgatus ab his, qui ante me dixerunt, a me,
quoniam ita Murena voluit, retractandus: quo in loco C. Postumo,
familiari meo, ornatissimo viro, de divisorum indiciis et de deprehensis pecuniis, adulescenti ingenioso et bono, Ser. Sulpicio, 20
de equitum centuriis, M. Catoni, homini in omni virtute excel-

---

2. *caput et collum,* wie geschickte
Banditen.

ut o. boni animadverterent, vgl.
Plut. Cic. 14: καὶ τεθωρακισμένον
αὐτὸν οἵ τε δυνατοὶ πάντες ἀπὸ
τῆς οἰκίας καὶ τῶν νέων πολλοὶ
κατήγαγον εἰς τὸ πεδίον· τοῦ δὲ
θώρακος ἐπίτηδες ὑπέφαινέ τι
παραλύσας ἐκ τῶν ὤμων τοῦ χι-
τῶνος, ἐνδεικνύμενος τοῖς ὁρῶσι
τὸν κίνδυνον.

7. *ad Mur. se contulerunt* 'schlu-
gen sich auf M. Seite'.

8. *magna est* = multum valet.

10. *honestissimo patre — ornata
in provincia*: kurze Zusammenfas-
sung der *adiumenta petitionis*, deren
nähere Ausführung man im obigen
leicht wird nachweisen können.

13. *minanti* sc. Sulpicio, dessen
Drohungen mit einer Anklage ihn
nicht abgeschreckt hatten, seine Bewerbung fortzusetzen.

14. *neque minaretur*, wodurch sich

Sulpicius so manche Stimmen entzogen hat.

16. *locus* 'Punkt', d. i. Theil der
Rede.

17. *perpurgatus* 'ganz ins Reine
gebracht', wie Cic. de divin. II, § 2
(*cum fundamentum esset philosophiae positum in finibus bonorum et
malorum, perpurgatus est is locus
a nobis quinque libris* etc.), hier mit
der Nebenbeziehung der Reinigung
des Mur. von aller Schuld.

a me st. des gewöhnlichen *mihi*,
wegen des Gegensatzes *perpurgatus ab his.*

18. *C. Postumo,* über dessen Persönlichkeit nichts näheres bekannt
ist; auch das Praenomen, das in den
Handschriften fehlt, ist unsicher.

19. *de deprehensis pecuniis,* die
an die Tribus zur Bestechung ver-
theilt werden sollten.

21. *de equitum centuriis.* Aus § 73
erfährt man, dass L. Natta, ein Stief-

lenti, de ipsius accusatione, de senatus consulto, de re publica
respondebo.

27. Sed pauca, quae meum animum repente moverunt, prius 55
de L. Murenae fortuna conquerar. Nam cum saepe antea,
5 iudices, et ex aliorum miseriis et ex meis curislaboribusque cotidianis fortunatos eos homines iudicarem, qui remoti a studiis
ambitionis otium ac tranquillitatem vitae secuti sunt, tum vero
in his L. Murenae tantis tamque improvisis periculis ita sum
animo adfectus, ut non queam satis neque communem omnium
10 nostrum condicionem neque huius eventum fortunamque mise-
rari: qui primum, dum ex honoribus continuis familiae maio-
rumque suorum unum ascendere gradum dignitatis conatus est,
venit in periculum, ne et ea, quae ei relicta, et haec, quae ab ipso
parta sunt, amittat, deinde propter studium novae laudis etiam
15 in veteris fortunae discrimen adducitur. Quae cum sunt gravia, 56
iudices, tum illud acerbissimum est, quod habet eos accusatores,
non qui odio inimicitiarum ad accusandum, sed qui studio accusandi ad inimicitias descenderint. Nam ut omittam Servium
Sulpicium, quem intellego non iniuria L. Murenae, sed honoris
20 contentione permotum accusare, accusat paternus amicus, C. Po-

sohn des Murena, die Ritter mit
Frübstücken regaliert hat, um ihre 18
Centurien für Murena zu gewinnen.

1. *de senatus consulto*, s. § 67;
de re publ. 'über die allgemeine
öffentliche Lage'.

4. *eum — iudicarem*, s. Madv.
§ 353 A. 3.

7. *secuti sunt* 'nachgiengen', d. i.
gewählt haben.

9. *non queam*, s. zu Verr. IV,
§ 89.

omnium nostrum, von uns Staats-
männern; über *nostrum* s. Madv.
§ 297 a, A. 1.

10. *eventum*, Ausgang, d. i. Erfolg
seiner öffentlichen Thätigkeit.

11. *ex honoribus continuis*, s. § 15.

12. *unum gradum* 'nur noch eine
Stufe', wenn nicht vielmehr *ultimum*
zu lesen ist.

13. *quae ei relicta*, den prätorischen
Character seiner Familie und Sena-
torenstand; *ab ipso parta* seine
eigene Errungenschaft, mit besonderer Rücksicht auf seine Kriegs-

thaten. (*ei* vor *relicta* fehlt in den
Handschriften; es ist unsicher, ob
so oder *ab illis*, i. e. *maioribus*, zu
ergänzen ist.)

14. *deinde:* die Eintheilung mit
primum — deinde erscheint nicht
gut, weil das zweite Glied nur in
anderer Form den Inhalt des ersten
wiederbringt; es ist eine rhetorische,
keine logische Partitio.

15. *veteris fortunae discrimen*
wegen Verlustes des *ordo senatorius*
im Fall einer Verurtheilung.

17. *non qui*, abweichend von
unserer Wortstellung, s. zu Verr.
IV, § 122.

odio inimicitiarum 'Hass aus per-
sönlicher Feindschaft', wie p. Mil.
§ 79. Ein solcher Grund zu einer
Anklage galt bei den Alten als ein
wohlberechtigter.

18. *descenderint* 'sich beigelassen
haben'; vgl. zur divin. in Caecil. § 1.

20. *paternus amicus*, der schon
mit Murena's Vater befreundet war.

stumus, vetus, ut ait ipse, vicinus ac necessarius, qui necessitudinis causas compluris protulit, simultatis nullam commemorare
potuit; accusat Ser. Sulpicius, sodalis filius, cuius ingenio paterni
omnes necessarii munitiores esse debebant; accusat M. Cato, qui
cum a Murena nulla re umquam alienus fuit, tum ea condicione 5
nobis videbatur in hac civitate natus, ut eius opes et ingenium
praesidio multis etiam alienissimis, exitio vix cuiquam inimico
esse deberent.

57   Respondebo igitur Postumo primum, qui nescio quo pacto
mihi videtur praetorius candidatus in consularem quasi desulto- 10
rius in quadrigarum curriculum incurrere. Cuius competitores si
nihil deliquerunt, dignitati eorum concessit, cum petere destitit:
sin autem eorum aliquis largitus est, expetendus amicus ei est,
qui alienam potius iniuriam quam suam persequatur.

DE POSTUMI CRIMINIBUS. DE SERVII ADULESCENTIS.   15

1. *vetus vicinus*, also wohl in
der Umgegend von Lanuvium be-
gütert, s. § 90.

3. *Ser. Sulpicius*, ein jüngerer
Sulpicius, *sodalis filius*, der Sohn
eines Collegen und Freundes des
Murena, welcher letzterer mit dessen
Vater Mitglied derselben Genossen-
schaft (*sodalitas*) war. Wie es als
Pflichtsache galt einem Mitgenossen
desselben Vereins gerichtlichen Bei-
stand zu leisten, so erschien es als
unehrenhaft einen solchen anzu-
klagen oder gegen ihn Zeugniss zu
stehen; vgl. zur or. p. Sulla § 7.
Auch galt das Verhältniss als ein
erbliches, so dass dessen Verpflich-
tungen von Vater auf Sohn über-
giengen.

4. *munitiores esse* = potius defendi.

5. *nulla re* 'in keiner Beziehung'

9. *nescio quo pacto* 'ich weiss
nicht wie es kommt', d. i. sonder-
barer, unbegreiflicher Weise.

10. *mihi videtur* etc. Cicero wirft
dem P. vor, dass er, indem er mit
seiner Anklage auf M. eindringe,
sich gleichsam auf ein höheres
Gebiet begebe, das zu betreten nur
Mitbewerbern um das Consulat
zustehe. Das sehe ebenso aus, als
wenn einRennpferd (*equus desultorius*)

in die Bahn der Quadrigen, deren
Wettkämpfe als höhere und vor-
nehmere galten, einbrechen wolle.
Mit den Wagenrennen der *quadrigae*
und *bigae* im Circus waren oft auch
Rennen von Reitern auf zwei
Pferden verbunden, die während
des Laufs von einem auf das andere
sprangen; vgl. Suet. Caes. 39:
*circensibus quadrigas bigasque et
equos desultorios agitaverunt nobi-
lissimi iuvenes.*

12. *dignitati eorum concessit*, wie
ep. ad Fam. 4, 3, 4: *a me sic
(Servius) diligitur, ut tibi uni
concedam, praeterea nemini.* In diesem
Falle, meint Cic. spöttisch, hätte
Post. am besten gethan sich im
Stillen über sein Missgeschick zu
trösten.

13. *expetendus amicus ei est*, d. h.
er muss sich, weil er selbst durch
den Process gegen Murena in Anspruch genommen ist, um einen
Freund umsehen, der, wie Postumus
jetzt selbst thut, statt eigene Unbill
die eines anderen (des Postumus,
dessen Sache er vertritt) zu rächen
übernimmt.

15. *De Postumi criminibus*, Einl.
§ 15.

28. Venio nunc ad M. Catonem, quod est firmamentum ac 58
robur totius accusationis, qui tamen ita gravis est accusator et
vehemens, ut multo magis eius auctoritatem quam criminationem,
pertimescam. In quo ego accusatore, iudices, primum illud de-
5 precor, ne quid L. Murenae dignitas illius, ne quid exspectatio
tribunatus, ne quid totius vitae splendor et gravitas noceat, denique ne ea soli huic obsint bona M. Catonis, quae ille adeptus
est, ut multis prodesse posset. Bis consul fuerat P. Africanus
et duos terrores huius imperii, Carthaginem Numantiamque, de-
0 leverat, cum accusavit L. Cottam. Erat in eo summa eloquentia,
summa fides, summa integritas, auctoritas tanta quanta in imperio populi Romani, quod illius opera tenebatur. Saepe hoc maiores natu dicere audivi, hanc accusatoris eximiam vim plurimum
L. Cottae profuisse. Noluerunt sapientissimi homines, qui tum
5 rem illam iudicabant, ita quemquam cadere in iudicio, ut nimiis
adversarii viribus abiectus videretur. Quid? Ser. Galbam — nam 59
traditum memoriae est — nonne proavo tuo, fortissimo atque
florentissimo viro, M. Catoni incumbenti ad eius perniciem populus Romanus eripuit? Semper in hac civitate nimis magnis

---

1. *firmam. ac robur*, wie de
imp. Pomp. § 10: *alterius partis
periculum, quae multo plus firmamenti
ac roboris habebat* etc.

5. *exspectatio tribunatus.* Cato
war damals *tribunus designatus*;
vgl. Einl. § 6. Die Wahl der
Volkstribunen, die am 10. December
ihr Amt antraten, erfolgte unab-
hängig von den übrigen Wahlen.

8. *bis consul*, 147 u. 134 v. Chr.

9. *duos terrores h. imp.*, wie die
Städte auch heissen bei Cic. de rep.
I, 47 und Vell. Pat. 2, 4, 5: *post
duos consulatus duosque triumphos
et bis excisos terrores rei publ. mane
in lectulo repertus est mortuus.*

10. *L.* (*Aurelium*) *Cottam*, Consul
im J. 144; *accusavit* sc. *de repetundis*,
zwischen 133 und 129, dem Todes-
jahr des Scipio. Nach Appian bell.
civ. 1, 12 verdankte Cotta, dessen
Process siebenmal vertagt wurde
(*causa ampliata*), seine Freisprechung
der Bestechung der Richter. Ver-
theidigt hatte ihn der berühmte

Q. Metellus Macedonicus, s. Cic.
Brut. § 81.

11. *fides* 'Zuverlässigkeit, Red-
lichkeit'

12. *tenebatur* = sustinebatur, wie
39, 83.

13. *eximiam vim*, d. i. eine unge-
meine Kraft auf andere durch das
Gewicht seiner Persönlichkeit ein-
zuwirken, wie § 59 *vim maiorem
aliquam.*

16. *abiectus* 'zu Boden geschlagen,
wehrlos gemacht'.
Quid? wie § 33.
Ser. Galbam, gegen welchen
wegen seiner Treulosigkeit gegen
die Lusitanier (Val. Max. 8, 1, 2
*quod Lusitanorum magnam manum
interposita fide praetor in Hispania
interemisset*, vgl. Momms. R. G. II,
8, 3. Ausg.) der Volkstribun C.
Scribonius Libo unter Mitwirkung
des hochbetagten Cato Censorius im
J. 149 eine Untersuchung beim
Volk beantragt hatte.

18. *populus R. eripuit*, dessen

accusatorum opibus et populus universus et sapientes ac multum in posterum prospicientes iudices restiterunt. Nolo accusator in iudicium potentiam adferat, non vim maiorem aliquam, non auctoritatem excellentem, non nimiam gratiam: valeant haec omnia ad salutem innocentium, ad opem impotentium, ad auxilium calamitosorum, in periculo vero et in pernicie civium repudientur. 60 Nam si quis hoc forte dicet, Catonem descensurum ad accusandum non fuisse, nisi prius de causa iudicasset, iniquam legem, iudices, et miseram condicionem instituet periculis hominum, si existimabitur iudicium accusatoris in reum pro aliquo praeiudicio valere oportere.

29. Ego tuum consilium, Cato, propter singulare animi mei de tua virtute iudicium, vituperare *nolo:* nonnulla forsitan conformare et leviter emendare possim. N o n m u l t a p e c c a s, inquit ille fortissimo viro senior magister, s e d p e c c a s; t e r e-g e r e p o s s u m. At ego non te: verissime dixerim peccare te nihil neque ulla in re te esse huius modi, ut corrigendus potius quam leviter inflectendus esse videare. Finxit enim te ipsa natura ad honestatem, gravitatem, temperantiam, magnitudinem animi, iu-

Mitleid Galba zu erregen gewusst hatte, s. Val. Max. a. a. O.: *reus pro se iam nihil recusans parvulos liberos suos . flens commendare coepit, coque facto mitigata contione, qui omnium consensu periturus erat, paene nullum triste suffragium habuit.*

5. *impotentium* = infirmorum.

8. *iudicasset* 'sich ein Urtheil gebildet hätte'

iniquam legem: was hier Cic. als iniquum bezeichnet, hat er für sich selbst bei der Vertheidigung des P. Sulla in Anspruch genommen, s. dessen Rede § 84 sq.

9. *periculis hominum*, d. i. für peinlich angeklagte.

si existimabitur, wenn als allgemeine Meinung gelten soll, ein solcher Grundsatz aufkommen wird.

14. *conformare*, 'in die rechte Form bringen, regeln'.

non multa peccas: Citat aus einem alten Drama (bei Ribbeck, fragm. tragic. p. 241 ed. 2), wahrscheinlich aus den Myrmidonen des Tragikers L. Attius.

15. *fortissimo viro*, dem Achilles, *senior magister*, Phönix, sein väterlicher Freund und Rathgeber. Die besonders bei Dichtern häufige Redefigur, eine Person durch ein blosses Prädicat zu bezeichnen, nannten die Rhetoren *antonomasia*, s. Quintil. 8, 6, 29 f.

17. *ut corrigendus* etc. Fein sagt Cicero, dass, da auf Cato der Ausdruck *peccare* keine Anwendung finde, er ihn nicht zurechtweisen, sondern höchstens etwas einlenken (von einem betretenen Seitenwege) könne.

18. *finxit*, wie Sall. Cat. 1 *pecora, quae natura prona atque ventri oboedientia finxit.* Cic. de orat. II, § 219: *natura enim fingit homines et creat imitatores et narratores facetos.*

ad honestatem 'in Hinsicht auf Sittlichkeit'. So muss man erklären, wenn nicht vielleicht, wie Campe gut vermuthet, die Worte *magnum hominem et excelsum* als Interpolation zu streichen sind. ʼ

stitiam, ad omnes denique virtutes magnum hominem et excelsum. Accessit his doctrina non moderata nec mitis, sed, ut mihi videtur, paulo asperior et durior, quam veritas aut natura patitur. Et 61 quoniam non est nobis haec oratio habenda apud imperitam multitudinem aut in aliquo conventu agrestium, audacius paulo de studiis humanitatis, quae et mihi et vobis nota et iucunda sunt, disputabo. In M. Catone, iudices, haec bona, quae videmus divina et egregia, ipsius scitote esse propria: quae nonnumquam requirimus, ea sunt omnia non a natura, verum a magistro. Fuit enim quidam summo ingenio vir, Zeno, cuius inventorum aemuli Stoici nominantur. Huius sententiae sunt et praecepta huius modi: sapientem gratia numquam moveri, numquam cuiusquam delicto ignoscere; neminem misericordem esse nisi stultum

2. *doctrina* 'Schule'.

3. *durior* 'schroffer'.

veritas 'die Wirklichkeit', d. h. die Verhältnisse des praktischen Lebens; *natura* 'das natürliche Gefühl'; vgl. Cic. de fin. b. et mal. IV, § 55: *Omnes, qui non sint sapientes, aeque miseros esse, sapientes omnes summe beatos, recte facta omnia aequalia, omnia peccata paria: quae cum magnifice primo dici viderentur, considerata minus probabantur*; *sensus enim cuiusque et natura rerum atque ipsa veritas clamabat quodam modo, non posse adduci ut inter eas res, quas Zeno exaequaret, nihil interesset.* de Orat. I, § 77: *videamus ne plus ei* (scientiae) *tribuamus, quam res et veritas ipsa concedat.*

aut, nicht *et*, wie wir verbinden, wegen des negativen Gedankens, der im Comparativ liegt; vgl. § 78: *latius patet illius sceleris contagio quam quisquam putat.*

4. *quoniam* etc. Sieh dagegen Cicero's Aeusserung de finn. b. et mal. IV, § 74: *Non ego tecum* (M. Cato) *iam ita iocabor, ut isdem his de rebus, cum L. Murenam te accusante defenderem: apud imperitos tum illa dicta sunt, aliquid etiam coronae datum: nunc agendum est subtilius.* Vgl. auch die Stelle aus Plutarch in der Einl. A. 39.

9. *requirimus* 'anders wünschten', wofür man lieber *reprendimus* gesehen hätte.

10. *Zeno* aus Cittium auf Cypern (zu unterscheiden von dem Eleaten, dem Begründer der Dialektik) lehrte im 4. Jahrh. v. Chr. in der ποικίλη στοά zu Athen auf- und abgehend, woher seine Schüler den Namen Stoiker (οἱ ἀπὸ τῆς στοᾶς φιλόσοφοι) erhielten.

inventorum aemuli 'Anhänger seiner Aufstellungen, neuen Lehrsätze'; vgl. Tac. Hist. 3, 81: *Musonius Rufus . studium philosophiae et placita Stoicorum aemulatus.*

11. *sententiae* 'Sätze', die sogenannten *paradoxa*, die Stelle aus Plutarch in der Einl. A. 39. Einige dieser Sätze hat Cic. bekanntlich selbst in seiner kleinen Schrift *Paradoxa Stoicorum* behandelt und zu begründen versucht. Vgl. Cic. de finn. IV, § 74: *solum praeterea formosum, solum liberum, solum civem* (sapientem esse): *stultos omnia contraria, quos etiam insanos esse vultis. Haec παράδοξα illi, nos admirabilia dicamus.*

12. *sapientem . placari*, rhetor. Periphrase des Satzes *sapientem inexorabilem esse*, s. Diog. Laert. 9, 123: ἐλεήμονάς τε μὴ εἶναι συγγνώμην τε ἔχειν μηδενί.

13. *stultum*, wie der Nichtweise

et levem; viri non esse neque exorari neque placari; solos sapientis
esse, si distortissimi sint, formosos, si mendicissimi, divites, si
servitutem serviant, reges: nos autem, qui sapientes non sumus,
fugitivos, exsules, hostis, insanos denique [esse dicunt]: omnia
peccata esse paria, omne delictum scelus esse nefarium, nec mi- 5
nus delinquere eum, qui gallum gallinaceum, cum opus non fuerit, quam eum, qui patrem suffocaverit: sapientem nihil opinari,
nullius rei paenitere, nulla in re falli, sententiam mutare num-
62 quam. **30.** Haec homo ingeniosissimus, M. Cato, auctoribus
eruditissimis inductus arripuit, neque disputandi causa, ut ma- 10
gna pars, sed ita vivendi. Petunt aliquid publicani: 'cave quidquam

im Sinne der Stoiker heisst; s. die
Stelle aus Cic. de fin. zu Z. 11.

1. *viri* 'eines wahren, charakter-
vollen Mannes' im Gegensatz von
levem; dagegen sagt Cic. in der Er-
wiederung § 63 *viri boni esse misereri.*

exorari 'sich erbitten lassen'.

solos — dicunt, Sätze von der
hohen Würde des Weisen, die Ho-
ratius verspottet ep. I, 1, 106: *Ad
summam sapiens uno minor est Iove,
dives, liber, honoratus, pulcher, rex
denique regum, praecipue sanus, nisi
cum pituita molesta est.* Vgl. Diog.
L. 7, 121: μόνον τε ἐλεύθερον,
τοὺς δὲ φαύλους δούλους οὐ
μόνον δὲ ἐλευθέρους εἶναι τοὺς
σοφούς, ἀλλὰ καὶ βασιλέας, τῆς
βασιλείας οὔσης ἀρχῆς ἀνυπ-
ευθύνου, ἥτις περὶ μόνους ἂν
τοὺς σοφοὺς σταίη . ὁμοίως δὲ
καὶ ἀρχικοὺς δικαστικούς τε καὶ
ῥητορικοὺς μόνους εἶναι, τῶν δὲ
φαύλων οὐδένα.

2. *divites*, s. Cic. Parad. VI, und
über *reges* Parad. V.

si servitutem serviant, 'wenn sie
im Stand der Sklaverei sich befän-
den', wie das griech. δουλείαν
δουλεύειν, das aber schwerlich ohne
adjectivischen Zusatz vorkommt;
vgl. Quintil. 7, 3, 26: *qui in servi-
tute est eo iure quo servus, aut, ut
antiqui dixerunt, 'qui servitutem servit'.*

4. *fugitivos* für *servos*, aber ver-

ächtlich 'schlechte, gemeine Sklaven'; vgl. Parad. V, § 36 ff.

exules 'heimatlose'.

5. *peccata esse paria*, s. Diog. L. 7,
120: ἀρέσκει δὲ αὐτοῖς ἴσα ἡγεῖ-
σθαι τὰ ἁμαρτήματα . εἰ γὰρ
ἀληθὲς ἀληθοῦς μᾶλλον οὐκ ἔστιν,
οὐδὲ ψεῦδος ψεύδους, οὕτως οὐδὲ
ἀπάτη ἀπάτης οὐδὲ ἁμάρτημα
ἁμαρτήματος. Vgl. Parad. III.

7. *nihil opinari* 'wähnen, vermuthen', was auf blossem Gefühl,
nicht auf sicherem Erkennen oder
Wissen beruht, s. Diog. L. 7, 121:
ἔτι δὲ μὴ δοξάσειν τὸν σοφόν,
τουτέστι ψευδεῖ μὴ συγκαταθή-
σεσθαι μηδενί.

9. *auctoribus erud.* der blosse
Ablativ, weil nicht die unmittelbare
Einwirkung der Personen, sondern
die ihrer auctoritas hervorgehoben
wird, s. Madv. § 254 A 3.

10. *disputandi causa — vivendi*,
Gegensatz von Theorie und Praxis.

11. *petunt a. publicani* sc. a senatu
st. *si petunt*, s. Madv. § 442 a, A.
2, ebenso in den kurzen folgenden
Sätzen. Als Nachsatz ist zu denken: da wird Cato als Stoiker sagen. Zur Sache vgl. Cic. de off. 3,
§ 88: *Ego etiam cum Catone meo
saepe dissensi: nimis mihi praefra-
cte videbatur aerarium vectigalia-
que defendere, omnia publicanis ne-
gare, multa sociis* etc. Zwei Jahre
später setzte Cato durch, dass ein
Gesuch der Publicani um Vermin-

habeat momenti gratia. Supplices aliqui veniunt miseri et cala-
mitosi: ῾sceleratus et nefarius fueris, si quidquam misericordia
adductus feceris῍. Fatetur aliquis se peccasse et eius delicti ve-
niam petit: ῾nefarium est facinus ignoscere῍. At leve delictum est:
5 ῾omnia peccata sunt paria῍. Dixisti quippiam: ῾fixum et statutum
est῍. Non re ductus es, sed opinione: ῾sapiens nihil opinatur῍
Errasti aliqua in re: maledici putat. Hac ex disciplina nobis illa
sunt: ῾Dixi in senatu me nomen consularis candidati delaturum῍.
Iratus dixisti. ῾Numquam῍ inquit ῾sapiens irascitur῍. At temporis
10 causa. ῾Improbi῍ inquit ῾hominis est mendacio fallere, mutare
sententiam turpe est, exorari scelus, misereri flagitium῍. Nostri 63
autem illi — fateor enim, Cato, me quoque in adulescentia diffi-
sum ingenio meo quaesisse adiumenta doctrinae —, nostri, inquam, illi a Platone et Aristotele, moderati homines et temperati,
15 aiunt apud sapientem valere aliquando gratiam: viri boni esse
misereri, distincta genera esse delictorum et dispares poenas,
esse apud hominem constantem ignoscendi locum, ipsum sapientem saepe aliquid opinari quod nesciat, irasci nonnumquam,

derung der Pachtsumme der Ein-
künfte von Asien zurückgewiesen
wurde, was die Ritter bestimmte
auf Caesars Partei zu treten.

1. *aliqui* gehört zu *miseri*,
worunter besonders *socii* (Provin-
zialen) zu verstehen sind, die sich
an den Senat als *supplices* wenden.

2. *fueris*, nicht Indic. fut. exacti,
sondern der modus potentialis == *sis*
'du wärest ein Frevler'

3. *adductus*, wie § 64 *nullis adductus inimicitiis* und Z. 6 *non re
ductus es*. Wie ist davon *inductus*
p. 66 Z. 10 verschieden?

4. *at* etc. Wendest du ein, es
sei ein leichtes Vergehen, so wird
er erwiedern etc.

5. *dixisti quippiam* 'du hast eine
Aeusserung gethan', die ein flüch-
tiger Eindruck kann eingegeben
haben.

8. *dixi* 'ich habe erklärt'; vgl.
damit Cato's Aeusserung bei Plutarch in der Einl. A. 20.

9. *at temporis causa* sc. ne nomen consularis candidati detuleris
'aber es ist doch den Zeitumstän-
den Rechnung zu tragen'.

11. *nostri illi* sc. magistri, die
jüngere akademische Schule, der
Cicero's Lehrer angehörten.

13. *adiumenta doctrinae*, Stützen,
welche die doctr. gewährt, unser
'Ausbildung durch Unterricht'.

14. *illi a Platone*, Nachbildung
des griech. Ausdrucks οἱ ἀπὸ Πλά-
τωνος, 'die Anhänger des Pl. und
Arist.', d. h. die Akademiker und
Peripatetiker. Gewöhnlicher im Relativ mit *esse*, z. B. de finn. b et m.
IV, § 7: *Zeno et ab eo qui sunt*.

16. *et* 'und so, und demnach'.

17. *esse ignoscendi locum* 'es finde
ein Verzeihen statt', d. h. er gebe
dem Verz. Raum.

18. *quod nesciat* ist vielleicht
fremdartiger Zusatz, da man einen
Zusatz zu *aliquid opinari* nur in der
Form *quod non certum sciat* erwartet hätte, vgl. ep. ad Att. XII,
23, 2: *de Oropo opinor, sed certum
nescio*. (Muther vermuthet *quod
verum nesciat* als Causalsatz.) Dem
aliquid opinari der Akademiker
steht das Axiom der Stoiker § 61
u. 62 *sapientem nihil opinari* entgegen.

exorari eundem et placari, quod dixerit interdum, si ita rectius
sit, mutare, de sententia decedere aliquando: omnis virtutes mediocritate quadam esse moderatas. **31.** Hos ad magistros si qua
te fortuna, Cato, cum ista natura detulisset, non tu quidem vir
melior esses nec fortior nec temperatior nec iustior — neque 5
enim esse potes —, sed paulo ad lenitatem propensior. Non ac-
cusares nullis adductus inimicitiis, nulla lacessitus iniuria pudentissimum hominem, summa dignitate atque honestate praeditum;
putares, cum in eiusdem anni custodia te atque L. Murenam fortuna posuisset, aliquo te cum hoc rei publicae vinculo esse con- 10
iunctum: quod atrociter in senatu dixisti, aut non dixisses aut, si
65 posuisses, mitiorem in partem interpretarere. Ac te ipsum, quantum ego opinione auguror, nunc et animi quodam impetu concitatum et vi naturae atque ingenii elatum et recentibus praecep-
torum studiis flagrantem iam usus flectet, dies leniet, aetas miti- 15
gabit. Etenim isti mihi videntur vestri praeceptores et virtutis
magistri fines officiorum paulo longius, quam natura vellet, protu-

---

2. *mediocritate quadam* 'durch
Einhalten einer rechten Mitte' zwischen zu viel und zu wenig, wie de
Off. I, § 89 *numquam iratus qui
accedet ad poenam, mediocritatem
illam tenebit, quae est inter nimium
et parum.* Aristoteles lehrt, dass
jede Tugend in der Mitte zwischen
zwei Lastern stehe, z. B. die Tapferkeit zwischen der Tollkühnheit
und Furcht.

3. *esse moderatas* erklärt man
'bedingt seien', ein Begriff der kaum
in dem Worte liegen kann. Ist die
Lesart richtig, so wird man zu erklären haben: 'alle wahren Tugen-
den seien durch Einhalten einer
rechten Mitte gemässigt oder gere-
gelt'. Aber richtiger scheint die
Verbesserung *esse moderandas.*

4. *tu quidem* s. Madv. § 489 b.

7. *pudentissimum* 'von hohem
Ehrgefühl'.

8. *dignitate* 'Würdigkeit'.

9. *te* als Volkstribunen.

11. *in senatu dixisti*, s. § 62.

12. *posuisses*, zum Wechsel für
dixisses (um die Kakophonie zu
vermeiden) im Sinne von 'aufstellen,

vorbringen, äussern'.

interpretarere, würdest ihm eine
mildere Deutung geben, dass z. B.
die ausgesprochene Drohung nicht
buchstäblich zu verstehen und so-
mit nicht bis auf alle Consequen-
zen durchzuführen sei.

quantum auguror, wie de Orat.
I, § 95 *quantum auguror coniectura.*

13. *animi quodam impetu* 'durch
eine Art von leidenschaftlichem Un-
gestüm', vom Feuereifer gesagt,
welcher junge Männer bei sittli-
cher Entrüstung zu ergreifen und
hinzureissen pflegt; *vi naturae atque ingenii* 'durch die dir ange-
borne geistige Energie'.

15. *iam* 'nachgerade'

17. *fines — consisteremus.* Cic.
sagt: Die Stoiker haben in richtiger
Erkenntniss der menschlichen
Schwäche, die hinter einem ge-
steckten Ziele zurückzubleiben
pflegt, mehr als nöthig verlangt, damit wir, wenn wir auch nicht das
höchste Ideal erreichten, es doch
so weit brächten als in der Ord-
nung wäre (*ubi oporteret*), d. h. damit wir wenigstens nicht diesseits

lisse, ut, cum ad ultimum animo contendissemus, ibi tamen, ubi
oporteret, consisteremus. ʿNihil ignoveris᾽: immo aliquid, non
omnia. ʿNihil gratiae causa feceris᾽: immo resistito gratiae, cum
officium et fides postulabit. ʿMisericordia commotus ne sis᾽: etiam,
5 sed tamen est laus aliqua humanitatis. ʿIn sententia permaneto᾽:
vero, nisi sententia alia vicerit melior. Huiusce modi Scipio ille fuit, 66
quem non paenitebat facere idem, quod tu: habere eruditissimum
hominem Panaetium domi, cuius oratione et praeceptis, quamquam erant eadem ista, quae te delectant, tamen asperior non
10 est factus, sed, ut accepi a senibus. lenissimus. Quis vero C.
Laelio comior? quis iucundior, eodem ex studio isto? quis illo
gravior, sapientior? Possum de L. Philo, de C. Gallo dicere haec

der Grenzen des Pflichtmässigen
zurückblieben.

1. *ad ultimum* ʿnach dem äusser-
sten Ziel᾽.

3. *gratiae causa* ʿaus persönli-
cher Gunst᾽, um dich andern gefällig zu erweisen.

resistito gratiae ʿdem Gefällig-
sein᾽, d. i. aller persönlichen
Gunsterweisung.

4. *etiam* in der Antwort ʿaller-
dings, ganz recht᾽, wie Plin. epist.
6, 2, 8: *At quaedam supervacua dicuntur. Etiam, sed satius est et haec
dici quam non dici necessaria.* Cic.
Acad. II, § 104: *ut sequens proba-
bilitatem aut ʿetiam᾽ aut ʿnon᾽
respondere possit* ʿmit ja oder nein
antworten᾽. Statt *etiam* heisst es
sogleich in der nächsten Antwort *vero*.

6. *Scipio*, der jüngere Africanus.

7. *quod tu.* Cato brachte den sehr
bejahrten Stoiker Athenodorus Cor-
dylion aus Pergamum nach Rom und
nahm ihn in sein Haus auf, s. Plut.
Cat. 10 u. 16.

8. *Panaetium* aus Rhodus, den
angesehensten Stoiker seiner Zeit,
dessen Werk über die Pflichten Cicero dem seinigen zu Grunde gelegt
hat; vgl. Vell. Pat. I, 13: *Scipio tam
elegans liberalium studiorum omnis-
que doctrinae et auctor et admira-
tor fuit, ut Polybium Panaetiumque
excellente ingenio viros domi mili-*

tiaeque secum habuerit.
oratione ʿVorträge᾽.

10. *accepi a senibus.* Da Scipio
129 ermordet wurde und Cicero 106
geboren ist, so konnte er sehr wohl
alte Leute gesprochen haben, die
den Scipio in ihrer Jugend gekannt
hatten. Sonst wird *accipere* in der
Regel von einer aus Tradition
empfangenen Kunde gebraucht. Zu
sed — lenissimus ist aus *est factus*
das allgemeinere Verbum *erat*, das
vielleicht ausgefallen ist, zu ergänzen; denn Cic. kann nicht sagen,
dass S. durch die stoische Lehre
sehr milde geworden sei, sondern
dass er, wiewohl er ein Anhänger
dieser Lehre wurde, seine milde
und humane Gesinnung bewahrt
habe.

10. *C. Laelius*, der Busenfreund
Scipio's und sein politischer Rathgeber, Consul im J. 140, mit dem
Beinamen *Sapiens*, auf den Z. 12 an-
gespielt ist. Er war es, der dem
Eingang griechischer Wissenschaft
in Rom hauptsächlich die Bahn
gebrochen hat.

11. *iucundior* ʿliebenswürdiger᾽.

eodem ex studio ʿder doch aus derselben Schule hervorgegangen ist᾽,
ʿvgl. § 75. Zu Lehrern in der Philosophie hatte Laelius die Stoiker
Diogenes (mit dem Beinamen Baby-
lonius) und Panaetius.

12. *de L.* (*Furio*) *Philo*, Consul

eadem, sed te domum iam deducam tuam. | Quemquamne exi-
stimas Catone proavo tuo commodiorem, communiorem, mode-
ratiorem fuisse ad omnem rationem humanitatis? de cuius prae-
stanti virtute cum vere graviterque diceres, domesticum te habere dixisti exemplum ad imitandum. Est illud quidem exemplum 5
tibi propositum domi, sed tamen naturae similitudo illius ad te
magis, qui ab illo ortus es, quam ad unum quemque nostrum
pervenire potuit, ad imitandum vero tam mihi propositum exemplar illud est quam tibi. Sed si illius comitatem et facilita-
tem tuae gravitati severitatique asperseris, non ista quidem erunt 10
meliora, quae nunc sunt optima, sed certe condita iucundius.

67   32. Quare ut ad id, quod institui, revertar, tolle mihi e causa
nomen Catonis, remove auctoritatem, quae in iudiciis aut nihil
valere aut ad salutem debet valere: congredere mecum criminibus
ipsis. Quid accusas, Cato? quid adfers ad iudicium? quid arguis? 15
Ambitum accusas: non defendo. Me reprehendis, quod idem defendam, quod lege punierim: punivi ambitum, non innocentiam,

---

136, ebenfalls ein Verehrer griechischer Wissenschaft und einer
der gebildetsten Männer seiner Zeit,
vgl. Cic. Brut. § 108: *isdem temporibus L. Furius Philus perbene Latine loqui putabatur litteratiusque
quam ceteri.*
de C. (*Sulpicio*) *Gallo,* Consul im
J. 166, als welcher er die Ligurer
unterwarf und über sie triumphierte,
ausgezeichnet durch seine umfas-
sende wissenschaftliche Bildung, besonders durch seine Kenntnisse in
der Astronomie. Berühmt wurde
seine Name dadurch, dass er als
Kriegstribun des Aemilius Paulus
die Mondsfinsterniss in der Nacht
vor der Schlacht bei Pydna voraus-
gesagt hatte.
2. *communiorem* 'herablassender,
leutseliger', wie Cic. Cat. M. § 59:
*Cyrum minorem . communem erga
Lysandrum atque humanum fuisse.*
Nep. Att. 3, 1. *Hic* (Athenis) *autem
sic se gerebat, ut communis infimis,
par principibus videretur,* und
ebenso *communitas* Nep. Milt. 8, 4.
3. *humanitatis,* der Menschlich-
keit, die sich in milder Gesinnung

ausspricht und den Schwächen anderer Rechnung zu tragen weiss.
6. *sed tamen* leitet zu dem be-
schränkenden Vordersatz den Gegensatz ein, der in zwei Gliedern coordiniert gegeben ist, während das
erste dem zweiten logisch subor-
diniert erscheint. Wir sagen in
anderer Form: indess, wenn dir
auch mehr . zu Theil werden
konnte, so ist doch etc.
naturae similitudo illius, Charak-
terähnlichkeit mit ihm.
7. *ab illo ortus,* Madv. Gr. §
269 Anm.
10. *asperseris*: das Bild aus der
Kochkunst von Essenzen, mit denen
man Speisen schmackhafter macht;
vgl. de Orat. I, § 159: *libandus est
etiam ex omni genere urbanitatis
facetiarum quidam lepos, quo tamquam sale perspergatur omnis oratio.*
ista, deine Eigenschaften.
13. *nomen Catonis,* wir sagen 'den
Namen Cato'.
auctoritatem, persönliches Gewicht.
15. *ipsis,* i. e. aliis remotis 'für
s ich, allein'.

ambitum vero ipsum vel tecum accusabo, si voles. |Dixisti senatus
consultum me referente esse factum: si mercede obviam
candidatis issent, si conducti sectarentur, si gladiatoribus locus tributim, item prandia si vulgo
5 essent data, contra legem Calpurniam factum vi-
deri. Ergo ita senatus si iudicat, contra legem facta haec videri, si
facta sint, decernit, quod nihil opus est, dum candidatus morem ge-
rit; nam factum sit necne, vehementer quaeritur. Sin factum est,
quin contra legem sit, dubitare nemo potest. Est igitur ridiculum, 68
10 quod est dubium, id relinquere incertum: quod nemini dubium
potest esse, id vindicare. Atque id decernitur omnibus postulantibus
candidatis, ut ex senatus consulto neque cuius intersit neque contra
quem sit intellegi possit. Quare doce, a L. Murena illa esse commissa: tum egomet tibi contra legem commissa esse concedam.
15 **33.** 'Multi obviam prodierunt de provincia decedenti'. Eccui autem non proditur revertenti? 'Quae fuit ista multitudo?'
Primum, si tibi istam rationem non possim reddere, quid habet
admirationis, tali viro advenienti, candidato consulari, obviam
prodisse multos? quod nisi esset factum, magis mirandum vi-
20 deretur. Quid? si etiam illud addam, quod a consuetudine non 69
abhorret, rogatos esse multos, num aut criminosum est aut mirandum, qua in civitate rogati infimorum hominum filios prope
de nocte ex ultima saepe urbe deductum venire soleamus, in ea

---

1. *ambitum ipsum*, einen der
wirklich versucht worden ist.
vel 'nöthigenfalls'.
senatus consultum, welches die
lex Tullia zur Folge hatte; s.
Einl. § 8.
2. *mercede*, wie §§ 70. 73.
3. *gladiatoribus*, s. zu S. 49, 1.
4. *tributim*, s. Einl. § 9 mit A. 29.
7. *decernit* etc. so macht er eine
Verfügung, die von keiner Bedeutung ist, so lange ein Bewerber den
gesetzlichen Bestimmungen nach-
kommt.
10. *quod est dubium* sc. feceritne
Murena contra legem.
11. *id vindicare* 'das bestrafen zu
wollen', neml. eine Uebertretung der
lex de ambitu.
atque 'dazu kommt dass'.
13. *doce — concedam*, wie § 70;
s. über das Asyndeton zur or. Catil.

I, 4, 8.
15. *eccui — revertenti*, dem Sinne
nach so viel als: ist denn aber das
nicht etwas ganz Gewöhnliches?
17. *istam rationem* = istius rei rationem, 'hierüber Rechenschaft'.
quid habet admirationis? 'was
ist dabei zu verwundern?', wie
§ 69 g. E. Aehnlich § 87 *invidiam
habere consulatus ipse nullam potest*,
§ 89 *habet magnum dolorem . cum
ignominia reverti;* vgl. auch zu § 12.
20. *quid? si . addam* entspricht
dem *primum* Z. 17.
22. *infimorum h. filios*. Junge
Leute pflegten nach Anlegung der
toga virilis von den Freunden der
Familie zu ihrem ersten Besuche
des Forums (*tirocinium fori*) am
frühen Morgen aus ihrer Wohnung
abgeholt zu werden.
23. *de nocte*, s. zu § 22.

non esse gravatos homines prodire hora tertia in campum Martium, praesertim talis viri nomine rogatos? Quid? si omnes so-
cietates venerunt, quarum ex numero multi sedent iudices? quid?
si multi homines nostri ordinis honestissimi? quid? si illa officiosissima, quae neminem patitur non honeste in urbem introire, 5
tota natio candidatorum? si denique ipse accusator noster Postumus obviam cum bene magna caterva sua venit, quid habet ista
multitudo admirationis? Omitto clientes, vicinos, tribules, exercitum totum Luculli, qui ad triumphum per eos dies venerat; hoc
dico, frequentiam in isto officio gratuitam non modo dignitati 10
70 ullius umquam, sed ne voluptati quidem defuisse. ʿAt sectabantur multi.ʾ Doce mercede: concedam esse crimen. Hoc quidem
remoto, quid reprehendis? ʿQuid opus est, inquit, sectatoribus?ʾ
34. A me tu id quaeris, quid opus sit eo, quo semper usi sumus?
Homines tenues unum habent in nostrum ordinem aut prome- 15
rendi aut referendi beneficii locum, hanc in nostris petitionibus
operam atque adsectationem. Neque enim fieri potest neque
postulandum est a nobis aut ab equitibus Romanis, ut suos
necessarios adsectentur totos dies, a quibus si domus nostra
celebratur, si interdum ad forum deducimur, si uno basilicae 20

---

1. *in campum Martium*, wo man
die aus der Provinz zurückkehren-
den Beamten zu begrüssen pflegte.

3. *quarum ex numero*, neml. aus
der Corporation der *publicani*, welche
dem Ritterstand angehörten.

4. *nostri ordinis*, sc. senatorii.

illa officiosissima . . *natio* ʿjene
so dienstbeflissene Schaar (Völk-
lein)ʾ, wie in Pis. § 55: *sed quid
ego numero, qui tibi obviam non
venerint? quin dico venisse paene
neminem, ne de officiosissima quidem natione candidatorum, cum vulgo
essent et illo ipso et multis ante
diebus admoniti et rogati.* Da auch
an dieser Stelle das *rogari* betont
ist, so sieht man, dass solche Ge-
legenheiten zu grossen Demonstra-
tionen für und wider benutzt worden sind.

5. *non honeste* ʿohne Ehrenbe-
zeigungenʾ.

8. *exercitum Luculli*, s. § 37.

9. *hoc* ʿnur dasʾ.

10. *non modo* ʿich will nicht sagenʾ.

dignitati, wenn es sich davon han-
delte den Glanz einer Persönlichkeit zu erhöhen; *sed ne voluptati q.*
ʿaber auch nicht, um einem ein Vergnügen zu bereitenʾ.

11. *At sectabantur multi*, sc. ad
comitia, der zweite der im SCtum
§ 67 erwähnten Fälle; s. Einl. A. 28.

12. *doce — concedam*, s. zu c. 32 a. E.

15. *unum locum* ʿnur eine Gele-
genheitʾ.

17. *operam* ʿMühewaltungʾ

18. *a nobis*, von uns Männern senatorischen Standes, s. Einl. A.

19. *a quibus si* etc. Q. Cic. de petit. cons. § 34: *huius autem rei* (ad-
sectationis) *tres partes sunt: una
salutatorum, cum domum veniunt,
altera deductorum, tertia adsecta-
torum*, d. i. solcher, die den Candidaten fortwährend umgaben.

20. *deducimur* sc. candidati; die
erste Person also verschieden von
a nobis Z. 18.

si uno bas. spatio honestamur,
wenn sie uns die Ehre erweisen

spatio honestamur, diligenter observari videmur et coli: tenuiorum amicorum et non occupatorum est ista assiduitas, quorum
copia bonis viris et beneficis deesse non solet. Noli igitur eri- 71
pere hunc inferiori generi hominum fructum officii, Cato: sine
5 eos, qui omnia a nobis sperant, habere ipsos quoque aliquid,
quod nobis tribuere possint. ¡Si nihil erit praeter ipsorum suffragium, tenue est, si tantum suffragantur, nihil valent gratia. Ipsi
denique, ut solent loqui, non dicere pro nobis, non spondere, non
vocare domum suam possunt. Atque haec a nobis petunt omnia
10 neque ulla re alia, quae a nobis consequuntur, nisi opera sua
compensari putant posse. Itaque et legi Fabiae, quae est de numero sectatorum, et senatus consulto, quod est L. Caesare consule factum, restiterunt. Nulla est enim poena, quae possit ob-
servantiam tenuiorum ab hoc vetere instituto officiorum exclu-
15 dere. ᶜAt spectacula sunt tributim data et ad prandium vulgo 72
vocatiᵓ. Etsi hoc factum a Murena omnino, iudices, non est,
ab eius amicis autem more et modo factum est, tamen admoni-
tus re ipsa recordor, quantum hae conquestiones in senatu ha-

einen Gang mit uns eine Halle ent-
lang zu machen. Basiliken oder Ge-
richtsgebäude, die mit ihren Säulen-
hallen als Spaziergänge dienten (daher das Spottwort *basilicarii*, unser
'Pflastertreter') begrenzten mehrere
das Forum.

1. *diligenter observari v. et coli*
ᶜso erkennen wir darin einen Be-
weis sorgfältiger Aufmerksamkeit
und Achtungᵓ

4. *fructum* ᶜGenuss, Vergnügenᵓ.

6. *praeter ipsor. suffragium* ᶜausser
ihrer eigenen Wahlstimmeᵓ.

7. *si — gratia.* Der Satz dient,
wofern die angenommene Lesart
der arg verderbten Stelle zu billigen
ist, zur näheren Bestimmung von
tenue est: ᶜwenn sie nemlich blos
durch ihre Stimme unterstützen,
nicht auch persönlichen Einfluss be-
sitzen, um die Stimmen von anderen zu gewinnen.ᵓ

8. *denique* ᶜendlichᵓ, um auch das
noch anzuführen.

9. *vocare domum s.*, wie p. Rosc.
Am. § 52 *domum suam istum non
fere quisquam vocabat.* Dafür nach-

her § 72 *ad prandium vocare* (§ 73
invitare) und § 74 *ad cenam vocare.*

11. *legi Fabiae*, die nur hier erwähnt wird. Eine Anspielung auf
dieselbe findet sich vielleicht, wie
W. Rein vermuthet, in der Erzählung bei Plutarch Cat. min. 8: νό-
μου γραφέντος, ὅπως τοῖς παρ-
αγγέλλουσιν εἰς ἀρχὴν ὀνοματο-
λόγοι (*nomenclatores*) μὴ παρῶσι,
χιλιαρχίαν μετιὼν (Cato) μόνος
ἐπείθετο τῷ νόμῳ.

12. *senatus consulto*, Einl. A. 26.
L. (Iulio) Caesare, Consul im J. 64.
Es ist nur derjenige Consul genannt,
unter dessen Vorsitz die Sache im
Senat verhandelt ward. Ueber den
Ablativ vgl. de prov. cons. § 44
*Iulias leges et ceteras illo consule
rogatas iure latas negant.*

13. *restiterunt*, dem Sinne nach s.
v. als ᶜsie kehrten sich nicht daranᵓ.

15. *spectacula* ᶜSchauplätzeᵓ, wie
p. Sest. §. 124 *tantus est ex omnibus spectaculis plausus excitatus.*
vulgo ᶜmassenweiseᵓ.

17. *more et modo* ᶜnach Brauch
und mit Massᵓ, wie p. Scauro § 37

bitae punctorum nobis, Servi, detraxerint. Quod enim tempus
fuit aut nostra aut patrum nostrorum memoria, quo haec, sive
ambitio est sive liberalitas, non fuerit, ut locus et in circo et in
foro daretur amicis et tribulibus? Haec homines tenuiores ** a
suis tribulibus vetere instituto adsequi .   5

73   35. ... praefectum fabrum semel locum tribulibus suis dedisse: quid statuent in viros primarios, qui in circo totas taber-
nas tribulium causa compararunt? Haec omnia sectatorum,
spectaculorum, prandiorum crimina multitudine invita nimia diligentia, Servi, conlecta sunt: in quibus tamen Murena senatus 10
auctoritate defenditur. Quid enim? senatus num obviam prodire
crimen putat? 'non, sed m e r c e d e´: convince. num sectari multos? 'non, sed c o n d u c t o s´ doce. num locum ad spectandum
dare aut ad prandium invitare? 'minime, sed v u l g o´. Quid est
v u l g o? 'universos.´ Non igitur, si L. Natta, summo loco adule- 15
scens, qui et quo animo iam sit et qualis vir futurus sit videmus, in

---

nihil more, nihil modo, nihil consi-
derate, contra improbe   omnia
videtis esse suscepta.

1. nobis im vertraulichen Tone, dir
und mir, der ich deine Bewerbung
so eifrig unterstützt habe, s. §. 7.

3. in foro, wo damals die Gladiatorenspiele gehalten wurden, s.
Schol. ad div. in Caecil. §. 50 (p. 128
ed. Or.): Maenius, cum domum ven-
deret Catone et Flacco censoribus,
ut ibi basilica aedificaretur, exceperat ius sibi unius columnae, super
quam tectum proiceret ex provolan-
tibus tabulatis, unde ipse et posteri
eius spectare munus gladiatorium
possent, q u o d e t i a m t u m i n f o r o
d a b a t u r.

4. tribulibus, den Tribusgenossen des Bewerbers. Aber die Ankläger hatten von spectacula tributim
data gesprochen.

Nach tenuiores stehen in den
Hdschr. die sinnlosen Worte nondum qui ea suis etc., wofür F r.
Richter versucht hat: Haec homines tenuiores cum omni tempore
a suis tribulibus vetere instituto
adsequi consuessent, wozu er sodann als Nachsatz den Gedanken
ergänzt: 'geriethen sie in Unwillen,

dass Sulp. und seine Freunde der-
gleichen im Senat zur Sprache gebracht hatten'. In der Lücke hat
der Redner wahrscheinlich noch
verschiedene Vorwürfe über ein-
zelne Vorgänge berührt.

6. praefectum fabrum 'ein Werk-
meister' Zur Vervollständigung
des Satzes schlug Mommsen die
Ergänzung vor: Quodsi criminosum
videtur, amicum quendam Murenae,
praefectum fabrum   dedisse, quid
statuetur etc.

7. totas tabernas´ ganze Schaubuden'.

9. diligentia, Sorgfältigkeit im
Nachspüren, mit ironischer Fär-
bung, wie p. Ligario § 1; mul-
titudine invita, d. h. der grossen
Menge missfiel dieses übertriebene
Spioniren.

10. sen. auctoritate, wofür es oben
§ 65 senatus consultum heisst.

12. convince sc. mercede homines
obviam prodiisse.

13. num .. dare: zu diesem Gliede
fehlt wahrscheinlich, wie C a m p e
richtig bemerkt hat, die Antwort:
non, sed tributim, s. §. 67.

15. L. Pinarius Natta, ein Stiefsohn des Murena.

16. qualis vir futurus sit: Cice-

equitum centuriis voluit esse et ad hoc officium necessitudinis et
ad reliquum tempus gratiosus, id erit eius vitrico fraudi aut cri-
mini, nec, si virgo Vestalis, huius propinqua et necessaria, locum
suum gladiatoribus concessit huic, non et illa pie fecit et hic a
5 culpa est remotus. Omnia haec sunt officia necessariorum, com-
moda tenuiorum, munia candidatorum.

At enim agit mecum austere et stoice Cato: negat verum 74
esse allici benevolentiam cibo, negat iudicium hominum in ma-
gistratibus mandandis corrumpi voluptatibus oportere. Ergo, ad
10 cenam petitionis causa si quis vocat, condemnetur? 'Quippe'
inquit; 'tu mihi summum imperium, tu summam auctoritatem, tu
gubernacula rei publicae petas fovendis hominum sensibus et
deleniendis animis et adhibendis voluptatibus? Utrum lenocinium, inquit, a grege delicatae iuventutis an orbis terrarum im-
15 perium a populo Romano petebas?' Horribilis oratio, sed eam

ro's gute Erwartungen sind nicht
in Erfüllung gegangen; denn dieser
L. Natta war es, der später, als er
eben in das Collegium der Pontifices eingetreten war, als Schwager
des Clodius sich dazu hergab, zur
Niederreissung des Hauses Cicero's
mitzuwirken, s. Cicero de domo sua
c. 45 u. 52.

1. *voluit esse* .. *gratiosus* 'sich
beliebt machen wollte', durch einen
den Rittern gegebenen Schmaus. Man
sieht übrigens, dass Cic. in seiner Ent-
gegnung nichts mehr zu sagen weiss,
als dass diese Bewirthung kein *vulgo invitare* gewesen sei, als ob
sonst keine Einladungen erfolgt
wären.

officium necessitudinis, das ihm
seine Stellung als Stiefsohn auf-
erlegte, neml. die Ritter seinem vi-
tricus geneigt zu machen; beigesetzt ist *et ad reliquum tempus*,
damit es nicht scheine, als habe
Natta blos um Murena's Willen ein
Bankct gegeben.

2. *fraudi* 'zum Schaden, Nach-
theil', wie p. Rosc. Am. § 49.

3. *huius propinqua*, also wahrscheinlich eine *Licinia*, sonst unbekannt.

locum suum. Zu den Vorrech-

ten der Vestalinen gehörte auch,
dass sie bei allen öffentlichen Spielen einen Ehrenplatz einnahmen.

4. *gladiatoribus*, s. zu § 67.

6. *munia* = munera 'Leistungen', wie p. Sest. § 138, aber bei
Cic. sehr selten.

7. *verum* = iustum, daher in
Verbindung mit *rectus*, wie Tusc.
III, § 73: *praeclarum illud est et, si
quaeris, rectum quoque et verum,
ut eos, qui nobis carissimi esse de-
beant, aeque ac nosmet ipsos ame-
mus.*

10. *quippe* 'natürlich, allerdings';
vgl. Cic de finn. b. et m. IV, § 7:
*Ista ipsa, quae tu breviter, regem,
dictatorem, divitem solum esse sapientem, a te quidem apte ac ro-
tunde* (sc. dicta sunt); *quippe: habes enim a rhetoribus.*

11. *tu . petas*, rhetorischer Conjunctiv = *tibi licebit petere?* Etwas
verschieden der Conjunctiv §. 21.

12. *fovere sensus* 'die Sinne
kitzeln'

13. *lenocinium* scheint hier im
Sinne von 'Kupplererwerb, Kuppler-
verdienst' gesagt zu sein, also so-
viel als: wolltest du dich bei jun-
gen Wüstlingen als Kuppler em-
pfehlen?

usus, vita, mores, civitas ipsa respuit. Neque tamen Lacedaemo-
nii, auctores istius vitae atque orationis, qui cotidianis epulis in
robore accumbunt, neque vero Cretes, quorum nemo gustavit
umquám cubans, melius quam Romani homines, qui tempora
voluptatis laborisque dispertiunt, res publicas suas retinuerunt: 5
quorum alteri uno adventu nostri exercitus deleti sunt, alteri
nostri imperii praesidio disciplinam suam legesque conservant.
75 36. Quare noli, Cato, maiorum instituta, quae res ipsa, quae diu-
turnitas imperii comprobat, nimium severa oratione reprehendere. Fuit eodem ex studio vir eruditus apud patres nostros et 10
honestus homo et nobilis, Q. Tubero. Is, cum epulum Q. Maximus P. Africani patrui sui nomine populo Romano daret, roga-
tus est a Maximo, ut triclinium sterneret, cum esset Tubero eius-

---

1. *civitas ipsa* 'der Geist des
römischen Bürgerthums'.

neque tamen etc., beschränkende
Bemerkung zur vorausgehenden Erörterung: indes haben die Lac. und
Kreter trotz ihrer starren Grund-
sätze doch ihre politische Freiheit
nicht zu bewahren vermocht.

2. *cotidianis epulis,* bei den sogenannten Phiditien; *in robore* 'auf
hartem Holze', ἐπὶ κλιντηρίου ψι-
λοῦ, wie es bei Athenaeus IV, 20
heisst, d. h. auf einer Lehne, die aller Unterlage entbehrte.

3. *neque vero* steigernd, 'noch
gewiss auch', d. i. hier 'noch weniger'.

gustavit 'einen Bissen genossen
hat'; *cubans,* sondern sitzend, welche Sitte des heroischen Zeitalters
die Kreter beibehalten haben; vgl.
Athen. IV, 22: Πυργίων δ᾽ ἐν τρίτῳ
Κρητικῶν νόμων ἐν τοῖς συσσι-
τίοις, φησὶν, οἱ Κρῆτες καθήμενοι
συσσιτοῦσι'. Auch in Rom sass
man in alten Zeiten beim Mahle,
bis die behaglichere Sitte des Lie-
gens (*accubare*) aufkam.

6. *alteri,* die Kreter, die Q. Caecilius Metellus Creticus unterworfen
hat; s. Momms. R. G. III, 73 f. (3).

deleti hyperbolisch st. *devicti.*

7. *conservant.* Nach der Ver-
nichtung des achäischen Bundes geriethen zwar auch die Lacedämonier

in Abhängigkeit von Rom, verblie-
ben aber frei; s. Strabo VIII, p. 365:
καταλυθέντων δὲ τούτων (der Kö-
nige von Macedonien) ὑπὸ Ῥωμαίων, μικρὰ μέν τινα προσέ-
κρουσαν τοῖς πεμπομένοις ὑπὸ
Ῥωμαίων στρατηγοῖς τυραννού-
μενοι τότε καὶ πολιτευόμενοι μο-
χθηρῶς, ἀναλαβόντες δὲ σφᾶς ἐτι-
μήθησαν διαφερόντως καὶ ἔμει-
ναν ἐλεύθεροι, πλὴν τῶν φιλικῶν
λειτουργιῶν (d. i. freundschaftlichen Leistungen) ἄλλο συντελοῦν-
τες οὐδέν.

9. *comprobat* 'als gut bewährt'.

10. *eodem ex studio,* s. z. §. 66.

11. *Q. Aelius Tubero,* ein Enkel
des L. Aemilius Paulus von seiner
Tochter Aemilia und ein Schüler des
Panaetius, der die Strenge und
Schroffheit der stoischen Schule
auch im praktischen Leben bewähr-
te; s. Cic. Brutus 31, 117 f.

epulum, einen Leichenschmaus.

*Q. Fabius Maximus Allobrogi-
cus,* Consul 121, ebenfalls ein Enkel
des L. Aemilius Paulus. Der eine
von den Söhnen des Aemilius war
in die *gens Fabia,* ein anderer, der
so berühmt gewordene Africanus
minor, in die *Cornelia* durch Adop-
tion übergegangen.

12. *nomine,* d. i. zu Ehren.

13. *triclinium sterneret,* wozu
ausser der Belegung der lecti auch

dem Africani sororis filius. Atque ille, homo eruditissimus ac
Stoicus, stravit pelliculis haedinis lectulos Punicanos et exposuit
vasa Samia, quasi vero esset Diogenes Cynicus mortuus et non
divini hominis Africani mors honestaretur: quem cum supremo
5 eius die Maximus laudaret, gratias egit dis immortalibus, quod ille
vir in hac re publica potissimum natus esset; necesse enim fuisse, ibi esse terrarum imperium, ubi ille esset. Huius in morte
celebranda graviter tulit populus Romanus hanc perversam sapientiam Tuberonis. Itaque homo integerrimus, civis optimus, 76
10 cum esset L. Paulli nepos, P. Africani, ut dixi, sororis filius, his
haedinis pelliculis praetura deiectus est. Odit populus Romanus
privatam luxuriam, publicam magnificentiam diligit: non amat
profusas epulas, sordes et inhumanitatem multo minus. Distinguit rationem officiorum ac temporum, vicissitudinem laboris ac
15 voluptatis. Nam quod ais ulla re allici hominum mentes opor-

die Ausstattung der Speisetische gehörte.

2. *pelliculis haedinis* statt mit
kostbaren Decken und Polstern (*ve-
stis stragula*); das Deminutiv ver-
ächtlich 'mit lumpigen Ziegenfellen',
ebenso sogleich *lectulos*.

lectulos Pun. d. i. hölzerne Bänke
nach punischer Art, die als *lecti* gelten sollten; vgl. Seneca epist. 95
§ 72: (*proderit dicere*) *Tuberonis
ligneos lectos, cum in publicum ster-
nerent, haedinasque pro stragulis
pelles et ante ipsius Iovis cellam ad-
posita conviviis vasa fictilia.*

3. *vasa Samia,* i. c. fictilia statt von
Silber oder Bronze; vgl. Auct. ad
Herenn. IV, § 64: *tametsi hospites
habeo, tamen utatur* (*argento*), *nos
Samiis delectabimur.*

Diogenes Cyn. aus Sinope, der
sich's zur Aufgabe gestellt hatte zu
zeigen, wie wenig der Mensch be-
dürfe.

et non 'und nicht vielmehr'.

4. *supremo eius die,* am Tage
seiner Bestattung, wie p. Mil. § 86:
*spoliatus illius supremi dici celebri-
tate.*

5. *laudaret,* d. i. die Leichenrede hielt, was auf dem Forum geschah, wo der Leichenzug vor den

Rostra Halt machte und ein Sohn
oder Verwandter des Verstorbenen
die Rednerbühne bestieg, um ihm
die Leichenrede (*laudatio*) zu halten.

11. *praetura deiectus est,* wie Verr.
Act. I, § 23: *si me aedilitate de-
iecissent.*

odit — diligit von Quintil. 9, 3,
82 als Beispiel der Figur der *di-
stinctio* angeführt.

13. *inhumanitatem* 'Mangel an Le-
bensart, unfeine L.'

distinguit rationem etc., es unter-
scheidet zwischen Pflichten und
Zeitverhältnissen, d. h. es weiss, wo
strenge Einhaltung der Pflicht und
wo Berücksichtigung der Zeitum-
stände am Platze ist; *vicissitudinem laboris ac voluptatis,* d. i. es
kennt einen Wechsel zwischen Arbeit und Vergnügen. Da jedoch dieser Gemeinplatz hier mit dem vorausgehenden in keiner rechten Beziehung steht, so mag es wohl der
Fall sein, dass in ihm ein fremdartiger Zusatz (entnommen aus § 74
*Romani homines qui tempora volup-
tatis laborisque dispertiunt*) vorlie-
ge. Auch das folgende *Nam quod
ais* schliesst passender an *sordes —
multo minus* an. (Klotz schreibt:
distinguit ratione officiorum ac tem-

terre ad magistratum mandandum nisi dignitate, hoc tu ipse, in
quo summa est dignitas, non servas. Cur enim quemquam, ut
studeat tibi, ut te adiuvet, rogas? Rogas tu me, ut mihi praesis,
ut committam ego me tibi? Quid tandem? istuc me rogari
oportet abs te an te potius a me, ut pro mea salute laborem pe-
77 riculumque suscipias? Quid, quod habes nomenclatorem? in eo
quidem fallis et decipis. Nam si nomine appellari abs te civis
tuos honestum est, turpe est eos notiores esse servo tuo quam
tibi. Sin etiam cum noris, tamen per monitorem appellandi
sunt, cur ante petis, quam nomen citavit? aut quid admoneris, si
tamen, quasi tute noris, ita salutas? Quid quod, posteaquam es
designatus, multo salutas neglegentius? Haec omnia ad rationem civitatis si derigas, recta sunt: sin perpendere ad disciplinae
praecepta velis, reperiantur pravissima. Quare nec plebi Romanae eripiendi fructus isti sunt ludorum, gladiatorum, convivio-

porum vicissitudinem laboris etc.,
allerdings besser, als wie die Stelle
in der Ueberlieferung lautet.)

3. *rogas tu me,* s. zu §. 45; *ut
mihi praesis* sc. als magistratus =
ut tibi liceat mihi praeesse.

6. *nomenclatorem.* Die Candidaten pflegten auf dem Forum die
einzelnen Bürger bei der Hand zu
fassen (*prensare*), um ihre Stimme
zu erbitten, wobei man den Bürger
bei seinem Namen anzureden hatte.
Zu diesem Behufe waren die Candidaten von einem Sklaven begleitet,
der die ausgedehnteste Personal-
kenntniss hatte und dem Candidaten
die Namen der Bürger bei der *prensatio* zuflüsterte. In der zu S. 73,
11 aus Plutarch beigebrachten Stelle
wird ausdrücklich erwähnt, dass
Cato sich bei der Bewerbung um
das Kriegstribunat keines Nomen-
clators bedient habe.

9. *Sin* etc. Dieser Satz und die
zwei folgenden sind in den Handschriften in so heillos verderbter
Gestalt überliefert, dass bei der auf-
genommenen Lesart weder die Rich-
tigkeit des Gedankens (besonders
in den W. *Sin — citavit*) noch des
Ausdrucks verbürgt werden kann.

10. *petis* 'bringst deine Bewerbung vor', wenn nicht *prendis* (*pren-
sas*) zu schreiben ist.

11. *Quid quod* etc. 'was soll ich
erst von der weiteren Unredlichkeit
sagen dass du' etc. Uebrigens ist es
klar, dass alles was hier Cic. sagt
nur Scherz ist und den Cato nur
insofern angieng, als auch er sich
um Aemter beworben hat.

12. *ad rat. civitatis si derigas*
'wenn man es nach dem Masstab
der bürgerlichen Verhältnisse be-
messen will', d. h. dabei ins Auge
fasst, was einmal nach unseren bürgerlichen Sitten herkömmlich und
erforderlich ist.

13. *disciplinae* 'der Schule'.

14. *reperiantur,* Conjunctiv der
gemilderten Behauptung. Zur S he
vgl. was der Redner L. Crassus on
sich bei Cic. de orat. I, § 112 .r-
zählt: *equidem cum peterem magistratum, solebam in prensando
dimittere a me Scaevolam, cum ita
ei dicerem, me velle esse ineptum, id
erat, petere blandius, quod nisi
inepte fieret, bene non posset fieri.*

15. *ludorum,* die sowohl die Spiele
im Circus als die Schauspiele um-
fassten; für die Gladiatorenspiele

rum, quae omnia maiores nostri comparaverunt, nec candidatis
ista benignitas adimenda est, quae liberalitatem magis significat
quam largitionem.

37. At enim te ad accusandum res publica adduxit. Credo, 78
5 Cato, te isto animo atque ea opinione venisse, sed tu imprudentia laberis. Ego quod facio, iudices, cum amicitiae dignitatisque
L. Murenae gratia facio, tum me pacis, otii, concordiae, li-
bertatis, salutis, vitae denique omnium nostrum causa facere
clamo atque testor. Audite, audite consulem, iudices, nihil dicam
10 adrogantius, tantum dicam, totos dies atque noctes de re publica cogitantem! Non usque eo L. Catilina rem publicam despe-
xit atque contempsit, ut ea copia, quam secum eduxit, se hanc
civitatem oppressurum arbitrarétur. Latius patet illius sceleris
contagio, quam quisquam putat, ad plures pertinet. Intus, intus,
15 inquam, est equus Troianus, a quo numquam me consule dormientes opprimemini. Quaeris a me, ecquid ego Catilinam me- 79
tuam. Nihil, et curavi ne quis metueret, sed copias illius, quas
hic video, dico esse metuendas; nec tam timendus est nunc exercitus L. Catilinae quam isti, qui illum exercitum deseruisse
20 dicuntur. Non enim deseruerunt, sed ab illo in speculis atque in
insidiis relicti in capite atque in cervicibus nostris restiterunt.
Hi et integrum consulem et bonum imperatorem, et natura et

---

war der technische Ausdruck *gladiatorum (gladiatoria) munera*, auch
schlechtweg *munera*.

1. *comparaverunt*, wofür man
comprobaverunt vermuthet hat, =
instituerunt: so öfters von der Ein-
führung einer Sitte, wie Auct. ad
Her. IV, § 24: *bene maiores nostri
hoc comparaverunt, ut neminem regem, quem armis cepissent, vita pri-
varent*.

4. *res publica*, die Rücksicht auf
das Staatsinteresse.

5. *isto animo atque ea opinione*
'in dieser Gesinnung und der darauf
begründeten Meinung'. Ueber die
Wiederaufnahme eines demonstrat.
Pronomens durch *is* vgl. Nägelsb.
lat. Stil. § 93, 1.

imprudentia laberis, indem gerade
das Gegentheil von dem, was du
meinst, im Staatsinteresse liegt,
neml. Murena's Freisprechung, da-

mit eine neue Wahl verhütet werde.

10. *tantum* 'nur so viel', s. §
34 und § 69 *hoc dico*.

12. *ut — arbitraretur* 'dass er
hätte glauben sollen'.

14. *quam quisquam*, s. zu S. 65, 3.

15. *dormientes*, wie die Trojaner.

18. *nec tam timendus est*, was
weiter ausgeführt ist or. in Catil. II,
3, 5 ff.

20. *dicuntur*, was jedoch eine
Tendenzlüge ist, um unsere Wach-
samkeit einzuschläfern.

21. *in capite* etc. 'sind drohend
über unserem Haupt und Nacken
zurückgeblieben'. Vgl. Sall. Hist.
fr. II, 96 (ed. Dietsch): *hostisque in
cervicibus iam Italiae agentis ab
Alpibus in Hispaniam submovi.*

22. *natura* 'Charakter'. *fortuna*
'sociale Stellung', indem solche, die
sich in glücklichen Verhältnissen
befinden, keine Freunde von Revo-

fortuna cum rei publicae salute coniunctum, deici de urbis praesidio et de custodia civitatis vestris sententiis deturbari volunt.
Quorum ego ferrum et audaciam reieci in campo, debilitavi in
foro, compressi etiam domi meae saepe, iudices, his vos si alterum consulem tradideritis, plus multo erunt vestris sententiis 5
quam suis gladiis consecuti. Magni interest, iudices, id quod ego
multis repugnantibus egi atque perfeci, esse Kalendis Ianuariis
80 in re publica duos consules. Nolite arbitrari, mediocribus consiliis aut usitatis viis aut . . ; non lex improba, non perniciosa
largitio, non auditum aliquando aliquod malum rei publicae quae- 10
ritur; inita sunt in hac civitate consilia, iudices, urbis delendae,
civium trucidandorum, nominis Romani exstinguendi. Atque sic
cives, cives inquam, si eos hoc nomine appellari fas est, de patria
sua et cogitant et cogitaverunt. Horum ego cotidie consiliis occurro, audaciam debilito, sceleri resisto, sed moneo, iudices: 15
in exitu iam est meus consulatus: nolite mihi subtrahere vica-
rium meae diligentiae, nolite adimere eum, cui rem publicam
cupio tradere incolumem ab his tantis periculis defendendam.

81   38. ·Atque ad haec mala, iudices, quid accedat aliud, non

lutionen zu sein pflegen; s. §. 83:
*fortuna constitutum ad amplexan-
dum otium.*
3. *in campo*, s. § 52.
4. *domi meae saepe*, mit Bezug
auf das versuchte Attentat des C.
Cornelius und L. Vargunteius, s. Sall.
Cat. 28. Cic. in Cat. I, § 9. Von
früheren Versuchen der Art spricht
Cicero in Cat. I, § 11. 15. u. ö.
his vos si statt *hi, si vos iis.*
6. *magni interest* etc. vgl. Einl.
§ 13 u. Cic. p. Flaceo § 98: *Defendi item consul L. Murenam, consulem designatum: nemo illorum iudicum clarissimis viris accusantibus
audiendum sibi de ambitu putavit,
cum bellum iam gerente Catilina omnes me auctore duos consules Kalendis Ianuariis scirent esse oportere.*
7. *egi* 'betrieben habe', indem
ich die Comitien nicht weiter hinaus-
schieben liess und ihren ungestörten Verlauf durch starke Bedeckung
sicherte.
8. *mediocribus* ' gewöhnliche,
nicht sonderlich gefährliche', wie in

Cat. II, § 10: *non enim iam sunt
mediocres hominum libidines, non
humanae ac tolerandae audaciae:
nihil cogitant nisi caedes* etc.
9. *aut* . . Aus der so eben beigebrachten Stelle der or. II in Cat.
ergänzt Fr. Richter passend so
die Lücke: *aut humana ac toleran-
da audacia ab istis desperatis hominibus agi.* Auch sonst stellt Cic.
humanus und *usitatus* zusammen,
wie Verr. II, 3, 9. III, 97, 224. V,
44, 117.
10. *quaeritur* 'es ist abgeseh i auf'
15. *moneo:* das Object folgt
kräftiger in direkter Anführ᷈ g: *in
exitu est.*
17. *diligentiae* 'Wachsamke.
18. *incolumem,* wovon *ab his periculis* abhängig ist, gehört zu *defendendam;* vgl. p. Planc. § 12:
*equestrem splendorem incolumem a
calamitate iudicii retinere.*
19. *quid:* richtiger scheint *quod*
mit Ergänzung von *malum.*
non: wie von dem sogleich folgenden *nonne* verschieden?

videtis? Te, te appello, Cato: nonne prospicis tempestatem anni tui? Iam enim in hesterna contione intonuit vox perniciosa designati tribuni, collegae tui, contra quem multum tua mens, multum omnes boni providerunt, qui te ad tribunatus petitionem
5 vocaverunt. Omnia, quae per hoc triennium agitata sunt, iam ab eo tempore, quo a L. Catilina et Cn. Pisone initum consilium senatus interficiendi scitis esse, in hos dies, in hos menses, in hoc tempus erumpunt. Qui locus est, iudices, quod tempus, 82 qui dies, quae nox, cum ego non ex istorum insidiis ac mucro-
10 nibus non solum meo, sed multo etiam magis divino consilio eripiar atque evolem? Neque isti me meo nomine interficere, sed vigilantem consulem de rei publicae praesidio demovere volunt; nec minus vellent, Cato, te quoque aliqua ratione, si possent, tollere, id quod, mihi crede, et agunt et moliuntur. Vident,
15 quantum in te sit animi, quantum ingenii, quantum auctoritatis, quantum rei publicae praesidii: sed cum consulari auctoritate et auxilio spoliatam vim tribuniciam viderint, tum se facilius inermem et debilitatum te oppressuros arbitrantur. Nam ne sufficiatur consul, non timent: vident in tuorum potestate collegarum
20 fore, sperant sibi Silanum, clarum virum, sine collega, te sine

1. *anni tui,* sc. tribunicii.
2. *designati tribuni,* des Q. Metellus Nepos, der den Cic. daran hinderte, bei Niederlegung des Consulats der Sitte gemäss zum Volk zu reden, vgl. ep. ad Fam. 5, 2, 7: *ille pridie Kal. Ian., qua iniuria nemo umquam in minimo magistratu improbissimus civis adfectus est, ea me consulem adfecit . atque abeuntem magistratu contionis habendae potestate privavit.* Später jedoch hat sich Cic. mit Metellus Nepos wieder ausgesöhnt.
4. *multum providerunt,* wie de l. agr. II, § 91 *multum in posterum providerunt.*
ad trib. petitionem vocaverunt. Nach Plut. Cat. 20 war Cato besonders deshalb als Bewerber aufgetreten, um den gefährlichen Plänen des Metellus Nepos entgegen zu wirken: ἑσπέρας δὲ ἐλθὼν (ἐξ ἀγροῦ εἰς τὴν πόλιν) εὐθὺς ἕωϑεν εἰς ἀγορὰν κατέβαινε δημαρχίαν μετ-

ιὼν ὡς ἀντιταξόμενος πρὸς τὸν Μέτελλον.
6. *a L. Catilina et Cn. Pisone* etc., die erste Verschwörung zu Ende d. J. 66, die am 1. Jan. 65 zum Ausbruch kommen ⌐ollte, s. Momms. R. G. III, 164 f. (3) und Einl. zu den Catil. § 5.
7. *in hoc tempus erumpunt,* wie in Cat. I, § 31: *veteris furoris maturitas in nostri consulatus tempus erupit.*
8. *qui locus est* etc. vgl. in Catil. IV, § 2.
9. *cum* (wo) *ego non . . evolem,* s. Madv. § 358 A. 4 und § 365.
11. *meo nomine* 'um meiner Person willen', d. h. weil ihnen meine P. verhasst ist; vgl. *talis viri nomine* § 69.
14. *agunt* 'beabsichtigen', im Schilde führen', *moliuntur* 'schon daran arbeiten'.
20. *fore* sc. hoc, *ne sufficiatur consul,* iudem die Tribunen durch

83 consule, rem publicam sine praesidio obici 'posse. His tantis in
rebus tantisque in periculis est tuum, M. Cato, qui mihi non tibi,
sed patriae natus esse videris, retinere adiutorem, defensorem,
socium in re publica, consulem non cupidum, consulem,
quod maxime tempus hoc postulat, fortuna constitutum ad 5
amplexandum otium, scientia ad bellum gerendum, animo et usu
ad quod velis negotium.

    39. Quamquam huiusce rei potestas omnis in vobis sita est,
iudices: totam rem publicam vos in hac causa tenetis, vos guber-
natis. Si L. Catilina cum suo consilio nefariorum hominum, 10
quos secum eduxit, hac de re posset iudicare, condemnaret L.
Murenam, si interficere posset, occideret. Petunt enim rationes
illius, ut orbetur auxilio res publica, ut minuatur contra suum
furorem imperatorum copia, ut maior facultas tribunis plebis
detur depulso adversario seditionis ac discordiae concitandae. 15
Idemne igitur delecti amplissimis ex ordinibus honestissimi atque sapientissimi viri iudicabunt, quod ille importunissimus gla-
84 diator, hostis rei publicae, iudicaret? Mihi credite, iudices, in hac
causa non solum de L. Murenae, verum etiam de vestra salute
sententiam feretis. In discrimen extremum venimus : nihil est 20
iam, unde nos reficiamus aut ubi lapsi resistamus. Non solum
minuenda non sunt auxilia, quae habemus, sed etiam nova, si

ihre Intercession ein Zustandekom-
men der Comitien verhindern konnten.
   D. Iunium Silanum, der andere
designierte Consul.
   te sine consule, da dann auch Silanus sein Amt nicht antreten konnte.
   2. *tuum* 'deine Pflicht'.
   4. *non cupidum* 'ohne Leiden-
schaftlichkeit', von ruhigem Charakter; p. Fonteio § 31: *potestis
igitur   cupidos moderatis ante-
ferre?*
   5. *fortuna*, s. zu § 79.
   7. *ad quod velis* == ad quodvis.
Die rhetorische Symmetrie macht es
wahrscheinlich, dass nach *negotium*
ein Verbum, wie z. B. *exsequendum*,
ausgefallen ist.
   8. *Quamquam* 'freilich, indes'.
Uebergang zum *epilogus*.
   9. *tenetis* st. des gewöhnlicheren
sustinetis, wie § 58 *quod* (imperium)

illius opera tenebatur. Vgl. p. Flacco
§ 94: *quam* (rem p.) *universam in
hoc iudicio vestris umeris iudices, sustinetis.*
   10. *si L. Catilina* etc. Die Stelle
führt Quintil. 5, 10, 99 als Beispiel dafür an, dass man Beweise
auch entnehmen (*duci argumenta*)
könne '*non a confessis tantum, sed
etiam a fictione, quod Graeci* καθ'
ὑπόθεσιν *vocant*'.
   cum suo consilio, das im angenommenen Falle ihm au‹ als
Richterrath dienen sollte.
   12. *rationes* 'Interessen'.
   13. *auxilio* sc. consulari.
   14. *imperatorum*, als welchen
sich Murena bereits bewährt hat, s.
§ 34.
   17. *gladiator*, wie § 50.
   21. *resistamus*, wieder zum Stehen kommen, uns wieder aufrichten
könnten.

fieri possit, comparanda. Hostis est enim non apud Anienem, quod
bello Punico gravissimum visum est, sed in urbe, in foro — di
immortales! sine gemitu hoc dici non potest — nonnemo etiam
in illo sacrario rei publicae, in ipsa, inquam, curia nonnemo
5 hostis est. Di faxint, ut meus collega, vir fortissimus, hoc Catilinae nefarium latrocinium armatus opprimat, ego togatus,
vobis bonisque omnibus adiutoribus, hoc, quod conceptum res
publica periculum parturit, consilio discutiam et comprimam!
Sed quid tandem fiet, si haec elapsa de manibus nostris in eum 85
10 annum, qui consequitur, redundarint? Unus si erit consul et is
non in administrando bello, sed in sufficiendo collega occupatus,
haec iam qui impedituri sint * * Illa pestis immanis, manus im-
portuna Catilinae prorumpet, quae perniciem iam diu bonis omnibus minatur: in agros suburbanos repente advolabit; versabi-
15 tur in urbe furor, in curia timor, in foro coniuratio, in campo
exercitus, in agris vastitas; omni autem in sede ac loco ferrum
flammamque metuemus, quae iam diu comparantur. Eadem ista
omnia, si ornata suis praesidiis erit res publica, facile et magistratuum consiliis et privatorum diligentia comprimentur.
20   40. Quae cum ita sint, iudices, primum rei publicae causa, 86
qua nulla res cuiquam potior debet esse, vos pro mea summa et
vobis cognita in re publica diligentia moneo, pro auctoritate consulari hortor, pro magnitudine periculi obtestor, ut otio, ut
paci, ut saluti, ut vitae vestrae et ceterorum civium consulatis:
25 deinde ego idem vos defensoris et amici officio adductus oro

1. *apud Anienem.* Hannibal
rückte im J. 211 gegen Rom bis zur
Aniobrücke vor, eine deutsche Meile
von Rom, um das römische Heer von
Capua's Belagerung abzuziehn, s.
Momms. R. G. I, 637 (3).
3. *nonnemo,* Madvig § 91, 5 u.
§ 493 c. Anm.
5. *meus collega,* C. Antonius,
der bereits gegen Catilina ausgezo-
gen war.
6. *latrocinium* 'Banditenkrieg'
togatus im Gegensatz von *sagatus,*
innerhalb der Stadt, wo der Consul kein Imperium hatte.
9. *si haec .. redundarint* 'wenn
sich diese Wirrnisse hinüberziehen
werden'; vgl. Nägelsb. lat. Stil.
§ 132, 1.

11. *in sufficiendo collega,* mit der
Nachwahl an Murena's Stelle.
12. *haec,* diese dem Staat dro-
henden Gefahren.
impedituri sint .. In dem Exemplar, aus welchem alle vorhandenen
Abschriften der Rede stammen, sind
hier ein paar Zeilen ausgefallen.
Auch die folgenden Worte (bis *minatur*) sind in lückenhafter und verderbter Gestalt überliefert.
13. *prorumpet,* aus den Gebirgs-
pässen der Appenninen.
16. *vastitas,* wie Verr. IV, § 114:
*quae solitudo in agris esset, quae
vastitas, quae fuga aratorum, quam
inculta, quam relicta omnia.*
18. *suis* 'der gehörigen', deren sie
bedarf.

6 *

atque obsecro, iudices, ut ne hominis miseri et cum corporis
morbo tum animi dolore confecti, L. Murenae, recentem gra-
tulationem nova lamentatione obruatis. Modo maximo beneficio populi Romani ornatus fortunatus videbatur, quod primus
in familiam veterem, primus in municipium antiquissimum 5
consulatum attulisset: nunc idem in squalore et sordibus
** confectus, lacrimis ac maerore perditus, vester est supplex,
iudices, vestram fidem obtestatur, vestram misericordiam implo-
87 rat, vestram potestatem ac vestras opes intuetur. Nolite, per
deos immortales, iudices, hac eum cum re, qua se honestiorem 10
fore putavit, etiam ceteris ante partis honestatibus atque omni
dignitate fortunaque privare. Atque ita vos L. Murena, iudices,
orat atque obsecrat, si iniuste neminem laesit, si nullius auris
voluntatemve violavit, si nemini, ut levissime dicam, odio nec
domi nec militiae fuit, ut sit apud vos modestiae locus, sit de- 15
missioni animi perfugium, sit auxilium pudori. Misericordiam
spoliatio consulatus magnam habere debet, iudices; una enim
eripiuntur cum consulatu omnia: invidiam vero his temporibus

1. *corporis morbo.* Es soll zur
Erweckung des Mitleids dienen, dass
Mur. wenn auch körperlich leidend
sich doch vor Gericht eingefunden
hat, weil nach der neuen lex Tullia
Krankheit nicht mehr als Grund für
Aufschiebung eines Processes dienen konnte, s. § 47.
3. *ne .. obruatis*: wir sagen in
anderer Form: ich beschwöre euch
es nicht dahin kommen zu lassen,
dass die dem M. jüngst gewordenen
Glückswünsche durch unerwartetes
(*nova*) Wehklagen übertäubt (er-
stickt) werden.
5. *in familiam veterem*, s. § 15.
in municipium, Lanuvium § 90.
6. *in squalore*, Gegensatz zu *maximo beneficio p. R. ornatus*, vgl.
zu S. 85, 21.
7. *confectus*: die kleine Lücke
etwa mit *corporis doloribus* auszu-
füllen; vgl. oben Z. 2.
vester est supplex, wie p. Cluent.
§ 209: *levate hunc aliquando sup-
plicem vestrum.*
10. *hac eum cum re*: die Lesart
unsicher; passender scheint B a k e 's

Vermuthung: *hoc eum cum honore,
quo* etc.
11. *honestatibus:* das Wort kommt
im Plural in dieser Bedeutung nur
hier vor; sonst im concreten Sinne,
wie or. p. Sest. § 109 *omnes hone-
states civitatis* 'alle ehrenwerthen
Bürger'.
14. *ut levissime dicam* 'um mich
aufs gelindeste auszudrücken', d. i.
hier um das wenigste zu sagen, wie
p. Sest. § 145: *quam* (patriam), *ut
levissime dicam, certe texeram.*
15. *ut sit locus* 'möge eine Stätte',
d. i. eine Anerkennung fin den. Die
Stellung von *ut* ebenso p. Rosc.
Am. § 144: *rogat oratque* 'Roscius)
te, Chrysogone, si nihil ι patris
fortunis amplissimis in su n rem
convertit .., ut sibi per te liceat* etc.
demissioni animi, wie Tusc. III,
§ 14: *veri simile est igitur, in quem
cadat aegritudo, cadere in eundem
timorem et infractionem quidem animi
et demissionem.*
18. *cum consulatu*, nach *spoliatio
consulatus* sehr matt, ist wahrscheinlich Zusatz eines Erklärers zu *una*.

habere consulatus ipse nullam potest; obicitur enim contionibus
seditiosorum, insidiis coniuratorum, telis Catilinae, ad omne denique periculum atque ad omnem invidiam solus opponitur.
Quare qui invidendum Murenae aut cuiquam nostrum sit in hoc 88
* 5 praeclaro consulatu, non video, iudices: quae vero miseranda
sunt, ea et mihi ante oculos versantur et vos videre et perspi-
cere potestis. **41.** Si — quod Iuppiter omen avertat! — hunc
vestris sententiis adflixeritis, quo se miser vertet? domumne?
ut eam imaginem clarissimi viri, parentis sui, quam paucis ante
10 diebus laureatam in sua gratulatione conspexit, eandem defor-
matam ignominia lugentemque videat? an ad matrem? quae misera, modo consulem osculata filium suum, nunc cruciatur et sol-
licita est, ne eundem paulo post spoliatum omni dignitate con-
spiciat? Sed quid ego matrem eius aut domum appello, quem 89
15 nova poena legis et domo et parente et omnium suorum consuetudine conspectuque privat? Ibit igitur in exilium miser. Quo?
ad orientisne partis, in quibus annos multos legatus fuit, exercitus duxit, res maximas gessit? At habet magnum dolorem,
unde cum honore decesseris, eodem cum ignominia reverti. An.
20 se in contrariam partem terrarum abdet, ut Gallia transalpina,
quem nuper summo cum imperio libentissime viderit, eundem
lugentem, maerentem, exulem videat? In ea porro provincia
quo animo C. Murenam fratrem suum aspiciet! qui huius dolor,
qui illius maeror erit, quae utriusque lamentatio! quanta autem
25 perturbatio fortunae atque sermonis, cum, quibus in locis paucis ante diebus factum esse consulem Murenam nuntii litteraeque
celebrarint et unde hospites atque amici gratulatum Romam
concurrerint, repente existet ipse nuntius suae calamitatis! Quae 90
si acerba, si misera, si luctuosa sunt, si alienissima a mansuetu-

---

invidiam habere, s. zu § 69.

8. quo se miser vertet? wahrscheinlich Nachahmung einer de
Orat. III, § 214 angeführten Stelle
aus einer Rede des C. Gracchus:
Quo me miser conferam? quo ver-
tam? in Capitoliumne? at fratris
sanguine madet: an domum? ma-
tremne ut miseram lamentantemque
videam et abiectam?

10. laureatam, weil der Vater ein
vir triumphalis war, s. § 11 u. 15.

in sua gratulatione, an seinem
Ehrentage, wo er Glückswünsche

für seine Wahl zum Consul erhielt.

14. ego, vgl. Seyffert Schol. Lat.
I, p. 49 u. 66.

15. nova poena legis, Einl. § 9.

21. summo cum imperio, als
Propraetor, s. § 42. Der Ablativ
vertritt die Stelle eines Particips
(= summo imp. praeditum) im
Gegensatz zu lugentem, wie oben
§ 86 in squalore et sordibus.

23. C. Murenam, Einl. § 4 a. E.

25. perturbatio, rhetorisch geho-
bener Ausdruck st. permutatio
'welch betäubender Umschlag'

dine et misericordia vestra, iudices, conservate populi Romani
beneficium, reddite rei publicae consulem: date hoc ipsius pudori, date patri mortuo, date generi et familiae, date etiam La-
nuvio, municipio honestissimo, quod in hac tota causa frequens
maestumque vidistis. Nolite a sacris patriis Iunonis Sospitae, 5
cui omnes consules facere necesse est, domesticum et suum
consulem potissimum avellere. Quem ego vobis, si quid habet
aut momenti commendatio aut auctoritatis confirmatio mea,
consul consulem, iudices, ita commendo, ut cupidissimum otii,
studiosissimum bonorum, acerrimum contra seditionem, fortis- 10
simum in bello, inimicissimum huic coniurationi, quae nunc rem
publicam labefactat, futurum esse promittam et spondeam.

2. *date hoc ipsius pudori* 'thut
dies um seiner Ehrenhaftigkeit willen', d. h. erweiset diese Rücksicht
seiner E.

4. *in hac tota causa*, während
der ganzen Verhandlung des Processes.

5. *Iunonis Sospitae*, deren Cultus 338 v. Ch. nach Rom übertragen
ward und auch hier zu den angesehensten gehörte.

6. *consules facere* mit Ergänzung von *sacra*, wie im Griech. ἔρ-
δειν, vgl. Cic. de domo sua § 77 *cui*
(Larentiae) *vos pontifices ad aram*

in Velabro facere soletis. Aus den
Worten *omnes consules* geht hervor, dass die Consuln jährlich ein
feierliches Opfer der Juno Sospita
darbrachten, woraus noch nicht zu
schliessen ist (so Preller, Röm.
Mythol. 246), dass sie zu dessen
Begehung sich nach Lanuvium zu
begeben hatten; denn die Juno Sospita hatte auch in Rom einen Tem-
pel am Forum olitorium und einen
zweiten auf dem Palatin.

suum 'ihr angehörig' als Lands-
mann, von dem ein Opfer ihr besonders gefällig sein musste.

KRITISCHER ANHANG.

§ 1. Quod precatus *Quintil.* 9, 4, 107: Quae deprecatus *libri*[1]) | fidei *Lambinus*: fides *GP et 4 Lagg.*, *om. rell.* | idem precor *Boot:* eadem pr. *libri*

§ 2. idem consulem *Boot:* idem consul ei *codd. fere omnes*

§ 3. Cato *von Halm eingeklammert* | die Lücke nach a me una zuerst von *Fr. Richter erkannt* | is potissimum qui *Madvig:* is pot. consul qui *libri*

§ 4. potissimum summo honore *Madvig:* potissimo honore *libri fere omnes* | natura fert *P. Victorius:* natura affert *libri.*

§ 5. tuleram *Bake und Kayser:* tulerim *libri*

§ 6. At (*nach* impediat) *von .Wunder zugesetzt*

§ 7. se ferre dixit *Lambinus:* ferme dixit *libri* | ausus es *Halm:* ausus sis *libri*

§ 8. summae mihi superbiae *Bake:* summam mihi s. *libri* | nemini, quibus laboribus ea petieris, eos, cum adeptus sis, deponere *Halm:* nemini sic et si ceperis (sic exceperis, si exceperis *etc.*) eos cum adeptus sis deponere *codd.*[2])

§ 9. nulla superbiae *Boot:* nulla superbiae turpitudo *libri* | industrius quisquam *Gulielmus:* industrius quam *libri*

§ 11. esse *nach* repudiatus *von Lambinus zugesetzt*

§ 13. aut scurrarum aliquod convicium *Halm:* aut scurrarum aliquo conuicio *5 Lagg.* aut ex scurr. aliquo conuicio *rell. noti*[3]) | quae quamquam voluptatis nomen habent, vitiosa sunt *Sorof:* quae voluptatis nomen habent quamquam uitiosa sunt *libri*

---

[1]) *Es erscheint als eine Halbheit, wenn man aus Quintil. nur* precatus *aufnimmt. Für* Quod precatus *spricht abgesehen davon, dass nur von einer Bitte die Rede ist, schon der äussere Umstand, dass in dem ganz unstatthaften* deprecatus *noch eine Spur des ursprünglichen* Quod *vorliegt. Vgl. auch den Eingang der Rede* cum populo gratias egit: Quod precatus a Iove optimo maximo . . sum *etc.*

[2]) *Es bedarf kaum einer Bemerkung, dass die Vermuthung nur eingesetzt wurde, um die lückenhafte Stelle wenigstens lesbar zu machen.*

[3]) *Die besseren Lagom. Handschriften, in denen* ex *vor* scurrarum *fehlt, haben noch eine Spur des richtigen erhalten; das Verderbniss* aliquo conuicio *ist durch Assimilation an den vorausgehenden Ablativ* ex *trivio entstanden. Dass die Vulg. unhaltbar sei, haben gute Kenner des Cicero, wie Lambin und Ernesti, längst erkannt.*

§ 14. inquam, omnino, iudices *cdd. veteres:* inquam omnino iudicio *libri* | dictum in uita proferatur *libri, das Glossem von Ernesti entfernt*

§ 15. dignitate a te *Klotz u. Campe:* dignitate *libri*

§ 16. generis sua virtute *Halm:* generis sui uirtute *libri* | fortissimis uiris nouis hominibus sed his recentibus *libri; das Glossem von Boot getilgt*

§ 18. locum *nach* primum *von Mommsen zugesetzt* | gradus habet 3 *Lagg.:* gradus habeat *rell. noti* | dignitas autem est *Bake und Halm:* dign. autem sit *libri*

§ 19. grata omnibus *Richter:* grata hominibus *libri*

§ 20. L. Lucullo *(nach* legatus) *von Kayser als Glossem bezeichnet* | huic *(vor* laudis) *von Halm ergänzt*

§ 21. parem *Bake:* pari *libri* | tot annis . . et cum *Quintil.* V, 13, 27: tot annos ut cum *libri Tulliani* | tu item fortasse *Orelli:* tu idem f. *libri*

§ 22. potest dubitari *Lambinus:* potest dubitare *libri*

§ 23. iuris *(nach* scientiam) *vielleicht Glossem* | dilexisti *Halm u. Campe:* didicisti *libri* (diligis *Kayser)* | in ista disciplina *Halm:* in illa disciplina *libri*

§ 24. facultas *Boot:* dicendi facultas *libri*

§ 25. diebus discendis *Lag.* 26 *et* 65: d. eliscendis *plerique,* d. ediscendis *vulgo*[4]) | ab ipsis capsis iuris consultorum *Madvig (ohne* eorum): ab ipsis causis iuris consultis eorum *libri* | lege possit *(ohne* agi) *libri* | verba quaedam *Niebuhr und Steinmetz:* uerba acaédam (accedam *etc.) libri*

§ 26. iure Quiritium *Lambinus:* iureque *libri* | manu consertum *libri, em. Lamb.* | conspicio sed haec sed anne *libri*

§ 27. ut . . putarunt *cdd. vett.:* ut . putarent *libri* | post tot annos *Pluygers:* per tot annos *libri*

§ 28. consularis *von Halm in Klammern* | gratia vero m. etiam minus *Halm:* gratiae uero m. etiam minores *libri*

§ 29. sic apud nos videmus *Cobet:* sic nos uidemus *Quintil. VIII,* 3, 79, sic nonnullos uidemus *codd. orationis*

§ 30. ceterae autem *Halm:* ceterae tamen | ad honorem adpositis *Lambinus:* ad h. dispositis *libri,* ad honorem *Bake* | aliquo motu novo *Halm u. Campe:* aliqui motus nouos *libri* | prima ars *Lambinus:* prima res *libri*

§ 31. bellorum clarissimae *Klotz:* b. grauissimae *libri* | rege Antiocho

---

[4]) *Dass in der Lesart der meisten Handschr.* eliscendis *nichts anderes als* discendis *steckt, ist augenscheinlich; die Verwechslung der Buchstaben* cl *und* el *mit* d *ist besonders in jüngeren Handschr. ungemein häufig. Wenn man die Vulg.* singulis diebus ediscendis *erklärt 'dadurch dass er sich die einzelnen Tage merkte', so hat man nicht bedacht, dass in solcher Verbindung ja ein Particip Perfecti nothwendig war.*

Priscian XV, p. 72, 21, *Hertz:* Antiocho (*chne rege*) *libri* | aequa parta *Kayser und Soroff:* si qua parta *libri*

§ 32. numquam esset profectus *Ernesti:* n. esset cum Scipione prof. *libri* | hunc antepones *Halm:* hunc regem nimirum antepones *libri* | pugnax et acer et non rudis *Niebuhr:* pugna exelaceret (execaceret, exacera- ret *etc.*) non rudis *libri,* pugnarum certe non rudis *Richter* | cum bellum invexisset *Niebuhr:* cum bellum inuectum *libri* | spe conatuque *Klotz:* ipse conatuque *codd.*

§ 33. vehementer opes *Halm:* uehementer et opes *libri* | constitisset *ed. Crat.:* extitisset *libri* | ita *nach* provincia *und* et *vor* urbs *von Halm zugesetzt* | et omnes copiae *Lambin:* ut omnes c. *libri* | recrearit *Halm:* renovarit *libri*

§ 34. gessisset tanta gloria *Kayser:* gessisset neque tanta gl. *libri* | Lucullus *in der ed. Iunt.* ergänzt | belli conficiendi negotium *Boot:* belli conficiendum exitum *codd.* | tamen *vor* tantum *von Halm in Klammern* | uita expulit *libri,* em. *Ernesti* | a Pompeio *von Kayser ergänzt*

§ 35. eundem in reliquis *Ernesti:* eundem reliquis *codd.* | agitationes commutationesque *Kayser:* agitationes commutationes *Quintil. VIII,* 6, 49, agitationesque *codd.* orationis | unus *aus Quintil. eingesetzt*

§ 37. in consulatu multum *Orelli:* in consulatum ut tum, in con- sulatum (consulatu) tum, in consulatum *libri* | decesserant. exercitum Lu- colli significat *codd.* fere omnes | idem comitiis *Hotman:* idem comes *libri* | desiderabat *libri,* em. *Ernesti*

§ 39. delectatione communi *Benecke:* delect. omni *libri*

§ 41. opera militari, militaris *Halm:* militari *fehlt*

§ 42. plene tabularum *Zumpt:* plena catenarum *libri* | ordo totus alienatus pars civitatis offensa *Halm:* ordo t. alienus pars ciu. offensa est *liori* | et praetore et consule *Steinmetz:* et praes (*sic*) consule (*vel similiter*) *libri* | Ipsa *Ernesti:* ipse *codd.*

§ 43. Servius *von Kayser,* consulatum *von Halm als Glossem bezeichnet* fortem accusatorem *Campe:* fortem senatorem *libri*

§ 45. Eius modi de candidato rumore *Jeep:* eius modi candidatorum *libri* | ut desertam rem *Halm nach unsicherer Vermuthung:* aut testam rem *libri plerique*

§ 46. consulatus (*nach* petitionem) *von Boot u. Rinkes getilgt* | si (*vor* existimasti) *von Wunder und Cobet zugesetzt*

§ 47. proderat *Ernesti:* proderant *libri* | Quid? (*vor* illa) *von Lam- bin zugesetzt* | perrogationem *Mommsen:* prerogationem (*oder* prerogationum) *libri meliores,* prorogationem *dett.*

§ 49. secessiones subscriptorum *Soroff:* secessionem (secessióne) sub scriptorum *codd.* | spes candidatorum obscuriores videri solent *Tischer nach unsicherer Vermuthung:* ipsi candidatorum obscuriores (obscurior ei) uideri solent (solet) *libri* | cum spe consulatu̇s tum collegae *Halm:* cum spe militum collegae *libri*[6])

§ 50. consumpta reparare *Pluygers*

§ 51. *vielleicht* pro rei dignitate | timebant cuncta *Halm*: timebaut cum (qui, cur, tum) *libri*

§ 52. quod 'cum gladiis in campum deduci Catilinam sciebam *Halm*: quod homines iam tum coniuratos cum gladiis in campum deduci a Catilina sciebam *libri*[7]) | descendi *Boot und Halm* (*in den Add. der Zürcher Ausg.*): descendi in campum *libri*

§ 54. reliquus *Halm*: relictus *libri*

§ 55. ei (*vor* relicta) *Zusatz von Halm* | ab ipso parata *codd. fere omnes*

§ 56. accusare *nach* permotum *von Halm ergänzt* | sodalis filius *C. G. Zumpt*: sodalis filii *libri* | qui cum — tum *Kayser*: qui quamquam — tamen *libri* | nobis videbatur *Campe*: nobilis erat *libri*

§ 57. ei *nach* amicus *von O. Heine zugesetzt*

§ 58. deprecabor *codd. fere omnes* | eximiam vim *Halm*: eximiam uim dignitatem *libri fere omnes*

§ 60. si existimabitur *Bake*: si existimabit *libri* | nolo (*nach* vituperare) *von Boot ergänzt* | accessit his doctrina *Schuetz*: accessit his tot doctrina *libri*, acc. istuc doctr. *Ernesti* | quam veritas aut natura *Lambinus*: quam aut ueritas aut n. *libri*

§ 61. apud imperitam multitudinem *Kayser*: aut in (*oder ohne* in) imperita multitudine *libri* | esse dicunt *von Bake als Glossem erkannt*

§ 62. dixisti quippiam *Manutius*; dixisti quippe iam *libri*

§ 63. fatcor enim *Halm*: fatebor enim *libri* | esse moderandas *ed. Veneta a.* 1472

§ 64. aut non dixisses aut, si posuisses, mitiorem *Halm*: aut non dixisses aut seposuisses aut mitiorem *libri*

§ 65. isti mihi *Halm*: isti ipsi mihi *libri plerique* | omnia. nihil *edd. veteres*: omnia immo *libri* | gratiae causa feceris *ed. Orat.*: gratia confeceris (cõfeceris *statt* cãfeceris) | etiam, sed tamen *Halm*: etiam in disso-

---

6) *Bei den starken Verwechslungen, welche in dieser Rede vorkommen, ist es wohl denkbar, dass die unpassende Lesart* militum *aus der Abkürzung* cons. tum (*oder* con. tum) *entstanden sei.*

7) *Die Ueberlieferung besagt gerade das Gegentheil von dem was erwartet wird. Das Verderbniss ist wahrscheinlich von den Worten* deduci catilinā *ausgegangen;* war daraus einmal deduci a catilina *entstanden, so war ein Subject nothwendig und es wurde das saubere* homines iam tum coniuratos *eingesetzt. Aber unsicher bleibt, ob durch Einfügung dieses Glossems nicht ein (vielleicht etwas verderbter) Ablativ verdrängt wurde, wie z. B.* quod a suis (a sociis) cum gladiis . deduci Catilinam sciebam.

lucnda seueritate sed tamen *libri* | nisi sententia *Garatoni*: nisi sententiam sententia *libri*

§ 66. L. Philo *Manutius*: L. Philippo *libri*

§ 67. remove *Halm*: remoue praetermitte *plerique* | mercede *Garatoni*: mercede conducti (corrupti) *libri* | locus *Halm und Campe*: uulgo locus *libri* | item *Sorof*: et item *libri* | candidatus *Halm*: candidatis *libri* | factum est *Klotz*: factum sit *libri*

§ 68. id vindicare *Bake*: id iudicare *libri*, id indicare *vulgo* | decedenti. Eccui autem *Bake*: decedenti consulatum petenti. solet fieri. et cui autem *libri*

§ 69. criminosum est *Halm*: criminosum sit *libri*

§ 70. proferendi beneficii *libri*, *em. in ed. Ven.* 1472 | necessarios *Rinkes*: necessarios candidatos *libri*

§ 71. si tantum suffragantur *Halm*: si ut suffragantur *libri*, *wenn nicht mit Manutius der ganze Satz* si — valent gratia *zu streichen ist.*

§ 73. prandiorum crimina multitudine invita nimia diligentia, Servi, coniecta sunt *Halm und Madvig* (*Adversaria I*, 61): prandiorum item crimina a multitudine in tuam nimiam diligentiam serui coniecta sunt *libri* | Murena senatus *Ernesti*: murena a senatus *libri* | locum s. gladiatoribus *Ursinus und Lambinus*: locum s. gladiatorium *libri*

§ 76. Distinguit — — voluptatis *scheint Interpolation*

§ 77. etiam cum noris *Halm*[8]): etiam noris *libri*, etiam si noris *Lamb.* | cur ante] curam *plerique* | quam nomen citavit *Richter* (*jedoch ohne nomen*): quam incerauit (*oder ähnlich*) *codd.* | aut quid admoneris si tamen *Halm*: aut (ad) quid quod (*oder* quid cum) admoneris tamen *libri* | Quid quod *Bake*: quid *libri*

§ 79. ecquid ego *Bake und Pluygers*: quid ego *libri*

§ 80. atque sic cives *Richter*: atque haec quae (que) si ciues *libri* *plerique*

§ 81. in (*vor* hesterna contione) *von Halm zugesetzt*

§ 82. interlicere *Halm und Richter*: interfici *libri*

§ 83. videris *Halm*: videre quid agatur *libri*[9])

§ 85. manus (*vor* importuna) *von Halm ergänzt* | prorumpet qua p. r. (po. ro.) minatur *libri plerique*; *der Ergänzungsversuch von Halm* | in

---

[8]) *Die Ergänzung von* cum *scheint, da* tamen *folgt ˈwiewohl du sie kennstˈ dem Gedanken entsprechender, und ist, da etiam vorausgeht, nicht kühner als das Lambinische etiam si noris.*

[9]) *Gewöhnlich liest man mit Klotz und Madvig:* natus esse videris, videre quid agatur. *Aber zu* videre quid agatur *passt das folgende Glied nicht. So ist es wahrscheinlicher, dass, nachdem* videre *aus* videris *verderbt war, zu dem in der Luft schwebenden Infinitiv ein Object* (quid agatur) *durch Interpolation ergänzt wurde.*

urbe furor *Halm*: furor *mit Lücke* 8 *bessere Handschr.*. in castris furor¹
plerique | diligentia confirmentur *plerique*

§ 86. idem vos *Madvig*: fide in uos 5 *Lagg. meliores*, fidem uel
plerique | in (*vor* squalore) *von Richter ergänzt mit Zeichen einer Lücke
vor* confectus | vestram (*vor* misericordiam) *von Halm ergänzt*

§ 87. hac eum cum re *Orelli*: hac cum re *libri* | uos si Murena
libri | fuit ut sit *Halm*: fuit sit *libri* | demissioni animi *nach Richters Vor-
gung* [10]): demissis hominibus *libri*, demisso animo *Bake*

§ 89. matrem eius *Halm*: matrem *libri* | fuit, exercitus *Halm*: fuit
et exercitus *libri* | sermonis cum (quom) *Halm und Richter*: sermonis quod
libri | celebrarint *Richter* · celebrassent *libri* | existet *Gulielmus*: exci-
det *libri*.

[10]) *Richter blos* demissioni.